AF282920

FIDEDIGNUM

Libro 3.

# No eres tú,
# Al, es el yo

© Gabi Losa, 2025

Ilustración de portada de Kenneth Patterson

I.S.B.N. obra completa: 979-13-87862-83-1
I.S.B.N. Tomo 3: 979-13-87862-86-2
Depósito legal: AB 858-2025

Este libro
se terminó de imprimir
el 29 de septiembre de 2025,
Fiesta de los Santos Arcángeles,
Miguel, Gabriel y Rafael.
Siempre presentes.

unoeditorial.com

FIDEDIGNUM

Libro 3.

# No eres tú,
# Al, es el yo

Gabi Losa

# Índice

*A aquellos con quienes he compartido de forma más íntima una parte del camino. Gracias por vuestra comprensión. Que «lo incomprensible» nos siga cuidando.*

El camino sigue y es cada vez más necesario caminar con todos los sentidos bien abiertos. A continuación, hablaremos de «darse cuenta», que es la piedra de bóveda de la experiencia del camino. Cada uno se dará cuenta de unas cosas. Ya sabemos que el camino es diferente para cada cual. El yo y la mente del yo han tenido hasta ahora un protagonismo casi impertinente, y lo seguirán teniendo de una u otra manera, pero tienen que dejar un hueco a otras partes del relato, como el camino e incluso las propias historias, las propias experiencias que están arriba, debajo, delante, detrás y en su más íntimo interior. Es un paso adelante, o igual no lo es. Pero sería bueno compartir lo que cada uno va descubriendo en su caminar. Juntos es mejor. Comenzamos.

# 1. Darse cuenta

Darse cuenta es quizá lo único que realmente somos, aunque gramaticalmente no tenga sentido. Es evidente que somos esa conciencia, ese darse cuenta. Cualquier otra cosa con la que nos identifiquemos es, como ya vimos, fruto del yo. Y darse cuenta significa darse cuenta también de cómo se percibe la mente del yo a sí misma y el mundo que cree que le rodea.

Es importante darse cuenta de que uno mira con las lentes del condicionamiento.

Darse cuenta es algo que uno puede hacer en todo momento. Es el camino. Uno puede aprender a observarse a sí mismo como si tuviera un tercer ojo desde el que mira los pensamientos de la mente del yo según van ocurriendo. En esa observación de la mente del yo se encuentra la liberación de los condicionamientos de esta. En esa observación sin juzgar de la mente del yo se encuentra su libertad.

Darse cuenta del funcionamiento de la mente del yo, ya lo hemos dicho, es un camino solitario y que lleva a la soledad, porque mientras uno va conociéndose mejor, los demás siguen donde estaban. O, mejor dicho, mientras uno va conociendo mejor el funcionamiento de la mente del yo, los demás siguen, a menudo, ajenos al funcionamiento de sus mentes egoicas. Y el problema no está en que uno se sienta alejado de ellos, al contrario, uno cada vez se siente más cerca de ellos, porque se da cuenta de que ellos y uno son lo mismo. Pero ellos cada vez se sienten menos identificados con uno y cada vez se sienten más alejados. Por eso el camino del autoconocimiento, como ya hemos visto, se recorre solo y en soledad. Pero eso no significa que estemos solos ni que no podamos pedir ayuda.

Cada día somos más conscientes de que vamos a decepcionar a cualquier persona que siga sin ser consciente del funcionamiento de la mente del yo. Darse cuenta de cómo funciona esta en un momento concreto puede ser algo parecido a esto: uno se da cuenta de que la mente del yo está agitada. Siente confusión, miedo, desesperanza. La mente del yo se evade, desconecta del presente y se va al futuro, o al pasado, buscando algo o a alguien, anhelando lo que ahora no tiene. La mente del yo siente que algo le falta, que hay algo que le inquieta. No para de buscar y buscar, lo hace sin cesar. Tiene una sensación de vacío, de falta, de carencia, de abandono, de necesidad.

Observamos entonces cómo la mente del yo intenta evadirse de esas sensaciones desagradables a base de hacer cosas, de leer, de ver la tele, de hablar con alguien, de cocinar, de estudiar, de aprender, de comer, de quedar, de relacionarse con otras personas, de enamorarse, de hacer deporte, de viajar, de soñar, de imaginar, de pensar... Pero, a pesar de todos esos esfuerzos, la mente del yo no está a gusto en el vacío que siente y sigue buscando confort en otra parte. Sigue agitada, se revuelve.

En un momento dado, la mente del yo se dice a sí misma: «Quédate aquí, conecta con lo que es, siente el vacío, sumérgete en él, permite que te envuelva, familiarízate con él, compréndelo, no huyas». Y no quiere. No quiere parar, no quiere detenerse, no quiere dejar de buscar y ni siquiera se pregunta qué ocurre cuando deja de buscar. Y cuando no hay búsqueda, ¿qué queda? Queda la experimentación.

Darse cuenta es un acto espontáneo, desinteresado, una mirada sincera a lo que es y una comprensión profunda de aquello que es. Y, si no es así, entonces no es un «darse cuenta», es otra cosa.

## El yo es como una cárcel circular

Duele el yo. Cuando uno siente que se siente mal, es el yo el que se siente mal. El dolor siempre proviene del yo. En el yo siempre va a acabar uno en dolor.

La mente del yo se identifica con el yo, pero ni tan siquiera la mente del yo es únicamente el yo. Uno no tiene una identidad reconocible. El yo tiene a la mente del yo aprisionada, encerrada, y no quiere dejarla escapar. El yo ha encarcelado a la mente del yo.

El yo desea, busca, se proyecta y se encuentra siempre consigo mismo, se reconoce en su propio reflejo. ¿Podríamos probar alguna vez a no desear ni buscar, a no proyectar ni entender? No como una obligación o un deseo, sino como algo natural. Aunque solo fuera para variar un poco.

El yo es una cárcel redonda de dimensiones tan enormes que sus largos muros parecen una línea recta en vez de una circunferencia. Cuando el preso, que es la mente del yo, llega hasta el muro con el propósito de recorrerlo en busca de una salida, tiene la sensación de que está avanzando, ve cómo ha dado pasos, ve la distancia recorrida y cómo se ha alejado de donde estaba, pero a pesar del esfuerzo o de lo rápido que recorra el perímetro del muro, va a terminar irremediablemente en el mismo lugar en el que empezó. De hecho, cuanto más rápido corra intentando alejarse del yo, más pronto va a llegar al mismo lugar en el que comenzó.

Quedarse quieto es la única manera de que desaparezcan los muros del yo. Cuando uno se llena de yo, ya no cabe nada más.

El salto al vacío supone el vaciamiento del yo.

La cárcel circular del yo. Morir al yo es la única manera de trascender el yo.

El camino nunca es lineal. Intentemos no confundirlo con la cárcel circular del yo. Puede que la cárcel circular del yo sea un tramo del camino, pero no es todo el camino.

## Morir al yo. Nacer a cada instante

La mente del yo, ya lo hemos visto, vive atrapada en el recuerdo.

Nacer a cada instante. No renacer, nacer; no reencarnarse, encarnarse; no recordar, vivir; no repetir, hacer; no revivir, vivir; no recuperar, hacer; no reconectar, conectar; en vez de religión, unión; en vez de reunión, unión; en vez de renovación, creación; en vez de reinventarse, inventar; en vez de reiniciar, iniciar; en vez de rememorar, ser; no reabrir, abrir; en vez de reincidir, incidir; en vez de resistir, fluir; en vez de reconocer, conocer; en vez de reconstruir, construir; en lugar de reconstituir, constituir.

Nuevo. Morir, nacer, morir, nacer, morir... Nacer una y otra vez, nacer a algo nuevo.

El camino nace a cada instante. No es un camino predeterminado ni fijo ni estático.

El yo es la identificación con el pasado, con el recuerdo y la proyección en el futuro, el anhelo. Vivimos desde el yo, es decir, desde el recuerdo y en el anhelo.

## La vida pierde el sentido cuando lo buscamos

Nos relacionamos desde el yo, por eso nunca surge nada nuevo, nada espontáneo. El yo nos aquilata, nos ata, nos entorpece, nos adormece, nos sujeta, nos empaqueta, nos encarcela, nos encela, nos condiciona, nos mata. El yo se ha apoderado de nuestra vida, nos ha raptado, secuestrado, encarcelado, drogado.

El mayor miedo de la mente del yo o, mejor dicho, el mayor miedo del yo es no recordar quién es, perder la memoria, el alzhéimer, que se olviden de uno, perderse, morirse. Transformación, nacer, morir, nacer, morir..., ir, perder, morir, soltar, vaciar, olvidar. Nuevo, nuevo, nuevo... Así es el camino.

Es el yo el que se duele, y eso está bien, porque se está resistiendo a morir, pero acabará igualmente muerto. Está muriendo y tiene miedo y duele y se resiste. Pero tiene que morir de todos modos y dejar paso a lo nuevo que también morirá y dejará, a su vez, paso a lo nuevo. Ese es el proceso continuo, perenne: morir, nacer, morir... En él no hay dolor, no hay identificación, no hay anhelo ni recuerdo, solo transformación.

El camino nunca es lineal. A veces das un paso y apareces en un lugar que ya habías visitado.

## El ego pesa, el ego duele

El ego pesa. El ego es un pozo sin fondo del que es difícil salir y al que uno cae una y otra vez cuando deja de prestar atención. El ego es el hábito, la rutina, la profesión, el reconocimiento. El ego se revela a sí mismo a través del dolor, la angustia, la pena, el sufrimiento. Esas son las señales de un ego activo.

Donde hay ego, hay sufrimiento. El ego duele. El ego es dolor. Ahí donde duele, ahí está el ego. El ego se descubre a sí mismo. El ego no se esconde. Sería bueno desactivar el ego.

Volamos con el piloto automático del ego conectado y, además, vamos dormidos.

El ego busca continuidad. La idea de perderla nos aterra. Queremos seguir siendo, permanecer, continuar.

Nos aferramos a nuestro ego como un náufrago a una tabla. El ego es como un tentetieso; por muchos golpes que reciba, nunca puede ser tumbado. Esa es su maldición o, al menos, su condición.

Respirar. Pedir ayuda. No estamos solos.

## Pensar no es caminar

Pensar no es caminar.
Pensar no es darse cuenta.
Pensar no es observar.
Pensar es un acto del ego.

Este es un camino para nómadas.

El pensamiento es la cadena que nos ata, es el ancla que nos agarra y nos impide navegar, es la soga que nos impide navegar, volar.

Dejar de pensar es morir, o eso cree la mente del yo, por eso nos parece imposible. La mente del yo asocia pensar con estar vivos, porque llevamos toda la vida pensando.

A la mente del yo le aterroriza dejar de pensar.

Asocia pensar a respirar.

La verdad es que podemos respirar sin pensar. Podemos no pensar y seguir respirando. Respirar es vivir. Respirar. Pedir ayuda. No estamos solos.

No podemos vivir sin respirar, pero sí podemos vivir sin pensar. Toda la energía que empleamos en pensar la dejamos de utilizar para conectar con lo que es.

Pensar es sufrir.

«Ahora voy a…, ahora voy a…». Siempre pensando en lo que va a venir ahora, lo que vamos a hacer a continuación. Nunca encontramos tiempo para permanecer en el tiempo. Transitamos por el tiempo igual que transitamos por el espacio, como pollos sin cabeza. Nunca permanecemos inmóviles.

La mente del yo se dice a sí misma: «Para, para de pensar, para de moverte, para de anhelar, para de recordar. Para, respira, conecta». Pero mientras uno siga identificándose con la mente del yo, no va a haber ninguna transformación. La mente del yo sabe que tiene que parar para trascenderse, pero no sabe cómo hacerlo. No puede.

La trascendencia no ocurre a través de la mente del yo. La trascendencia, por llamarlo de alguna manera, es una energía que no es mental, que parece ser previa a la existencia de la mente del yo, que no puede ser comprendida por la mente del yo.

La mente del yo puede experimentar esa energía de trascendencia, pero no puede comprenderla ni controlarla. La mente del yo puede facilitar ser arrastrada por la trascendencia, puede abandonarse a ella, vaciarse a ella, morir a ella, nacer a ella.

El acto de desvanecerse, de morir al ego, es un acto pasivo. Por eso le cuesta tanto a la mente del yo, que siempre está activa.

## Ahora es perfecto, porque es ahora

No existe ningún sitio ni ningún momento mejor que este. Este instante es perfecto.

Conectar con el instante. La mente del yo no consigue conectar con lo que es.

La mente del yo escucha un ruido a lo lejos de los coches y no escucha el ruido, ve los coches. Huele a resina de pino y no huele la resina, ve el pino.

La mente del yo mira a una persona y no ve a la persona, ve la imagen que evoca esa persona. Filtra, deforma y almacena cada sensación que le llega en un cajón de recuerdos de experiencias previas.

La mente del yo no es capaz de ver lo que es, no consigue conectar con lo que es.

La mente del yo no ve lo que es, no escucha lo que es, no huele lo que es, no siente el tacto de lo que es, no comprende, por tanto, lo que es. Si parece un perro, camina como un perro y ladra como un perro, es un perro. Eso dice la mente del yo. Pero no está viendo al perro. Quizá no es un perro. Además, ¿acaso todos los perros son iguales?

La mente del yo filtra ciertas características de lo que le llega, las compara con los recuerdos que tiene almacenados de experiencias previas, lo clasifica todo, responde como anteriormente lo hizo y vuelve a almacenar la experiencia para futuras ocasiones.

La mente del yo nos hace creer que lo que nos presenta como filtrado y procesado es la realidad, pero eso no es lo que es, eso es la mente del yo viéndose a sí misma, no la verdad.

## Tirar del hilo. Somos mucho más de lo que la mente del yo cree que somos

La mente del yo se da cuenta de sus delirios, percibe cómo transforma y deforma la realidad, sin comprender tampoco muy bien para qué. Se da cuenta de lo dañada que está, de su incapacidad para conectar con la realidad, para ver la verdad, del esfuerzo que hace por tener todo controlado, por querer saberlo todo, por prever el futuro inmediato y el futuro más lejano, por intentar no olvidar nada de lo vivido.

La mente del yo se da cuenta de cómo intenta dar continuidad a sus ideas, encontrar sentido en lo que piensa, dar coherencia a sus pensamientos, acumular más y más. Quiere controlarlo todo, alimentar el personaje, dar veracidad y sentido al relato. Pero también se da cuenta de que no descansa, no para de pensar, no para de buscar, no para de imaginar, no deja de lanzar hipótesis y de intentar falsearlas.

La mente del yo sabe que va por libre, que no cuenta con uno, que no se enciende ni se apaga a voluntad, que tiene sus propias ideas, sus propios pensamientos, su agenda, que funciona a escondidas de uno, que no pregunta ni consulta ni le tiene en cuenta a uno ni le importa uno, que es como un alien que nos ha invadido, colonizado e instalado, un okupa que ha entrado sin permiso y que no piensa marcharse.

Uno se da cuenta de que la mente del yo no es uno, que en este instante uno no se identifica con la mente del yo y ve su falsedad. Así, la mente del yo reconoce que le preocupa pensar que no va a ser capaz de vaciar el yo, de desconectarlo, de liberarse de él, de sus miedos, sus exigencias, sus delirios de grandeza, sus incomprensiones, su falta de amor y de compasión, su locura, sus necesidades, sus carencias, sus creencias e inseguridades.

La mente del yo reconoce que está cansada de revivir lo mismo una y otra vez, que está cansada de sentirse cansada, angustiada, sola, abandonada, maltratada, herida, insultada, humillada, dolida, harta, apática, desesperanzada, agitada, preocupada, asustada... Y se da cuenta de que se siente así porque se cree todo lo que el yo le dice, porque nunca pone en duda nada de lo que le cuenta, se lo traga todo, es absolutamente ingenua y fácil de engañar, de usar y de utilizar. Se da cuenta de que ha sido el pelele del yo, su marioneta, su títere. Se da cuenta de que nunca le ha importado al yo, nunca la ha valorado, amado ni tenido en cuenta.

La mente del yo se da cuenta de que el yo nunca la ha amado, nunca ha amado a nada ni a nadie, y siempre se ha intentado aprovechar de ella y de los demás a través de ella. Se da cuenta de que el yo ha conseguido que no se reconozca a sí misma, que no se conecte consigo misma y que no sea consciente de su propia existencia. Se da cuenta de que se ha hecho dependiente de los intereses del yo, de que ha ido poco a poco cercenando la libertad, coartando las decisiones, cortando las alas.

La mente del yo se da cuenta de que el yo la ha estado boicoteando desde que tiene memoria, impidiéndole ser feliz, convirtiéndola en víctima de su locura. Se da cuenta de que podría no necesitar al yo para nada, de que podría ser libre, estar en conexión con el universo, ser atemporal y eterna, porque no necesita nada de lo que el yo quiere hacerle creer que necesita.

Entiende entonces que la única libertad verdadera y posible es la que ocurre cuando se libera a sí misma del yo, que nadie más que ella puede liberarle del yo. O quizá ni eso.

La mente del yo se da cuenta de la falsedad de los pensamientos, se da cuenta de que el momento de liberarse del yo es ahora, en este instante, y posponer la liberación del yo es una trampa del yo para que no lo haga.

La mente del yo se da cuenta de que el yo está haciendo todo lo posible para no ser vaciado, percibe cómo el yo pone en marcha todos sus mecanismos de terror cuando percibe la intención de vaciarlo.

Sin embargo, para vaciar el yo, la mente del yo no necesita el permiso ni la ayuda del yo.

La mente del yo puede poner el yo en *off* ahora. ¿Por qué no lo hace?

## Amistad como antídoto para el ego

El yo se siente solo, pequeñito, insignificante, perdido, asustado, abandonado, herido, vapuleado, despreciado, triste, confuso, desconectado de la esencia, sin vida, sobreviviendo, sin nada donde agarrarse, sin nadie que le abrace, indefenso. No es la primera vez que se siente así. Lleva varios días sintiéndose así de vacío; se observa atentamente y comprende por qué se siente así. No se desespera, porque sabe que ya ha estado así en otras ocasiones y que, al final, siempre ha vuelto a conectar consigo mismo. O eso se dice.

Fuera, los días son fríos y grises. La mente imagina que el tiempo no ayuda. La pandemia sigue, un año ya. Bombardeados con mensajes catastrofistas y aterradores y con medidas de alejamiento de una violencia extrema. La mente del yo percibe cómo en los últimos meses el yo se ha sentido cada día más acobardado, más asustado, con mayor ansiedad y con más fobias. El máster se está haciendo pesado, los exámenes, los trabajos y las prácticas. Volar ha perdido buena parte de su atractivo y el sueldo se ha reducido a menos de la mitad. Aquellos a los que el yo llama «padres», los padres mentales, nunca llaman ni escriben, ni el yo los llama a ellos. El yo observa que no tiene pareja. Siente cómo va envejeciendo. Siente como si le hubieran robado un año entero de felicidad, de vida, de ilusiones. El pasado pesa y el futuro aparece muy denso y sombrío.

Y, de repente, un amigo llama y cuenta que se siente perdido, vacío, asustado, abandonado... y comienzo a abrazarlo y a escucharle y a conectar con lo que le ocurre, que es lo mismo que me ocurre a mí. Y veo cómo, poco a poco, ambos nos vamos sintiendo mejor, nos vamos apoyando el uno en el otro y nos vamos ayudando a levantarnos. Curiosamente, en ese preciso momento, el sol brilla de forma tímida detrás de una nube. Y, de repente, el mundo ya no parece tan frío ni el futuro tan gris, ni uno se siente tan mal ni tan solo. Y sonríe y se alegra, porque sabe que su amigo también está sonriendo y que, aunque ambos estemos heridos, nos tenemos el uno al otro para ayudarnos. Y doy gracias por la luz que vuelvo a ver. Por los amigos.

*Non soli sumus.*


## Una mente en calma, no calmada

El ego busca la aprobación de los demás, su comprensión, su admiración, su tiempo, su interés, su compañía, su ayuda, su protección, sus cuidados, sus abrazos, su atención. Esa búsqueda genera angustia, dolor, sufrimiento, cansancio, ansiedad, fatiga, desasosiego, intranquilidad.

Una mente en calma no busca nada.
Una mente en calma no busca respuestas ni
experiencias ni encuentros.
Una mente en calma encuentra respuestas, vive
experiencias.
La mente en calma permanece quieta
y el universo fluye a través de ella,
dejando lo que deje y llevándose lo que se lleve.
Una mente en calma es transformada por el
flujo del universo
sin que la mente tenga que hacer ningún
esfuerzo.
Una mente en calma no busca nada,
porque todo lo que ocurre es la propia mente
y no hay nada fuera de la mente en calma.
En una mente en calma no anidan el
pensamiento
ni el recuerdo ni el conocimiento ni las ideas,
estas simplemente transitan a través de la
mente.
Una mente en calma está vacía, no vaciada.
Una mente en calma está en calma, no calmada.
Una mente en calma conecta con lo que es, no
está conectada.
Una mente en calma es libre, no liberada.
Una mente en calma es, no ha sido ni será.

## Comprensión y conexión

La mente del yo comprende la contradicción del ego. Comprende el miedo del ego, la inseguridad del ego, la angustia del ego, la ansiedad del ego.

La mente del yo comprende el condicionamiento del ego, su falta de libertad, su falta de amor.

La mente del yo comprende el vacío del ego. Conecta con las contradicciones, los miedos, las inseguridades, la angustia, la ansiedad, el condicionamiento, la falta de libertad, la falta de amor propio... La mente del yo comprende el ego, conecta con él, y eso la transforma.

Uno escribe también con la idea de que algún día alguien le lea y le comprenda, incluso cuando uno ya no esté en este tramo del camino. Pero uno no busca tanto ser comprendido como que sea el otro el que se sienta comprendido y conecte, que seamos comprensión y conexión. Que recordemos que no estamos solos.

*Non soli sumus.*

## El ego piensa esto y lo contrario

La mente del yo se da cuenta de que cada vez que el ego tiene un pensamiento, efectivamente tiene ese pensamiento, pero de inmediato también tiene un pensamiento simultáneo. Por ejemplo: piensa que va a hacer frío y, acto seguido, piensa que no va a hacer tanto frío. O piensa que quiere la manta azul y enseguida piensa que no quiere la manta azul o que quiere la rosa. O piensa que tiene sueño y, sin pensarlo dos veces, cree que no tiene tanto sueño.

Cada pensamiento que tiene lo compara en un continuo de ese pensar y sus múltiples matices.

## Niego termina en ego

Lo que niega el ego le somete, se queda pegado a ello como un chicle pegado a una muela, por más que tira y estira, sigue pegado. Niega la falta de amor, la dependencia, los miedos, el vacío, el dolor, el egoísmo, el narcisismo, la fragilidad, la rabia, la ansiedad, el odio, la envidia, la fantasía, los delirios, y al negarlos sigue pegado a ellos como un chicle a una muela. La mente del yo, de repente, observa sin juzgar, y así se transforma y, de alguna manera, se libera.

Observar sin juzgar, qué fácil es decirlo y qué difícil es hacerlo.

La mente del yo observa cómo se juzga el ego, cómo se compara y se critica una y otra vez, sin descanso, sin piedad. Es una máquina de machacarse a sí mismo, de despedazarse poco a poco, de hundirse más y más profundo. Observamos el odio hacia sí mismo del ego, su falta de amor propio, vemos cómo se castiga por ser como es, y no como cree que debería ser. Vemos cómo se va sometiendo a pruebas cada vez más difíciles para sí mismo y cómo al fracasar va odiándose cada vez más. Observamos cómo se boicotea.

La mente del yo se da cuenta de cómo el ego se compara una y otra vez con los demás, de cómo sus logros le parecen siempre menores que los de los otros, de que su felicidad, su belleza, su inteligencia, su salud, su físico, su bondad, su generosidad, su casa, sus cosas, su trabajo, su formación, su vida le parece menos que las de aquellos con los que se compara. La mente del yo se da cuenta de que el ego no solo cree que existe, sino que, además, cree que existe de forma separada de todo lo demás y que posee cualidades propias y únicas. Y esa comparación constante, negativa y destructiva del ego es el chicle en la muela que, por más que la mente del yo estira y estira, no consigue despegar.

Aprender a comparar fue algo que la mente del yo aprendió en su infancia, pero lo cierto es que no hay nunca ninguna necesidad de compararse. Cada uno es perfecto en su estado actual y todos somos tan complejos que es pura simplicidad comparar una única supuesta característica de un individuo con la de otro. Esa es una trampa del yo.

## Soy el reflejo que veo en el cristal. O eso dice el ego

La mente del yo ve su propio reflejo en el cristal, el ego se identifica con ese reflejo y, a continuación, escudriña los detalles y juzga lo que ve como positivo o negativo.

La mente del yo no ve la verdad porque está condicionada por lo que ha experimentado, escuchado o leído. Es incapaz de ver su propio reflejo en el cristal sin que el ego pase a juzgarlo y a identificarse. El ego se identifica con el reflejo en el cristal, mientras que no se identifica con el cantar de los pájaros, con las hojas de los árboles ni con la luz del sol.

La mente del yo se da cuenta de que observa y se da cuenta de que el ego no ve, sino que juzga y se identifica, o no, con lo que ve. El ego está encerrado en el centro con el que se identifica y desde el que juzga.

La mente del yo ha creado la idea del yo y vive encerrada en ese centro, aislada de todo, reprimida, cerrada, limitada, sometida. Y desde ese centro, lo dijimos, pretende ver la verdad como un astrónomo quiere ver la verdad del universo con su telescopio.

La mente del yo se da cuenta de que no puede ver la verdad con la mente egocéntrica, que solo puede ver reflejos a los que pone nombres y juzga como buenos o malos. Y se da cuenta de que darse cuenta de cómo funciona el ego hace que el ego se sienta triste, aislado, desconectado, solo.

La mente del yo se da cuenta de que una mente así no puede ser feliz, no puede comprender la verdad. Repara entonces en que nada de lo que ve es como lo ve, que todo es creado por la mente del yo.

La mente del yo a veces consigue dar un trago de agua y conectar con el trago de agua sin identificarse con la persona que traga el agua. Es una sensación de libertad que desea volver a experimentar, pero, al buscarla, ya no la puede volver a encontrar.

La mente del yo es prisionera de su propio reflejo.

## Rigidez y flexibilidad

Una mente flexible requiere de la capacidad de trascender el yo. El yo es la rigidez, la falta de flexibilidad, es oponerse a la transformación, es la permanencia, el recuerdo y la memoria. Sin embargo, oponerse a cambiar solo trae dolor y sufrimiento.

Dejar ir, ver la transformación, ver lo que es, genera una mente en calma, pero el yo genera una mente agitada, en conflicto, confusa.

## La mente superficial

Perseguir resultados, buscar logros, querer ser diferente, tener más, implica desear algo, negar la esencia, negar lo que es, desconectar del presente, evadirse, huir, agitar el frasco generando turbiedad, abandonar la paz.

La mente profunda abandona toda búsqueda de resultados y se centra en observar sin juzgar en el proceso de darse cuenta de su propia actividad, y en ese darse cuenta se va transformando de forma natural, pura y sin violencia.

Buscar logros y desear son actividades de la mente superficial, del yo que busca fortalecerse o busca transformarse en vez de comprender lo que es.

Comprender el yo, las actividades del yo, es comprender lo que es, ver la verdad. Ver sin acumular, sin poseer ni adquirir, ver sin guardar, solo ver y comprender. Por contra, acumular, aprender, poseer, adquirir, guardar, conservar, son actividades que refuerzan la mente superficial, el yo.

La mente del yo se da cuenta de que el yo busca significado en todo y que a todo le otorga significado. Se da cuenta de que el significado implica relacionar lo que es con lo que la mente del yo conoce, compararlo, y que, por tanto, la mente del yo nunca ve lo que es como es, sino en función de lo que conoce. Así pues, compara con lo que conoce, le otorga un significado, lo guarda en la memoria y ya no profundiza más.

La mente del yo se da cuenta de que es superficial, de que no profundiza, de que reconoce, almacena y se evade. No conecta, no comprende.

La mente del yo se da cuenta de que sin comprensión no hay amor, de que sin amor no hay paz mental. Se da cuenta de que sin paz mental no hay felicidad.

La mente del yo se da cuenta de que el miedo es la respuesta ansiosa ante la idea de la pérdida. Se da cuenta de que acumula buscando continuidad. El miedo es la respuesta ansiosa ante la idea de perder la continuidad.

La mente del yo se da cuenta de que, aunque pierda la continuidad, puede seguir relacionándose con la verdad. Se da cuenta de que relacionarse con la verdad le da paz. Relacionarse con la verdad no depende de ser, tener ni transformarse.

La mente del yo se da cuenta de que la verdad está aquí, aunque no la vea, y va a seguir aquí, por más que no la vea.

## Al final

La mente del yo se da cuenta de que el ego se odia por no quererse. Quizá siendo más amable consigo mismo y con los demás sea capaz de hacerlo. No sabe si la simple observación de que no se quiere, si el hecho de darse cuenta de que no se quiere le va a transformar. La mente del yo se da cuenta de que querer quererse no ayuda —al ego— a quererse, al contrario, se odia por esforzarse en quererse y no conseguirlo.

Desde el punto de vista del ego, al final se trata de cuánto te has querido... —aunque esto sea una trampa mental, porque el ego no se quiere ni sabe querer, este final es simplemente el final del ego, porque la esencia no tiene principio ni final— o de cuánto te has odiado. Pero si tengo que convencerte para que me quieras, elijo no hacerlo.

Una vez más, estas son trampas mentales en las que cae el ego y de las que no puede escapar, haga lo que haga. Solo desde la trascendencia del ego uno puede darse cuenta de su funcionamiento sin ser afectado por él.

El camino nunca es lineal. Y si bien es un camino de amor, muchas veces no será percibido así. El ego acecha en cada esquina.

## Realizaciones

Desde el punto de vista del ego, darte cuenta de que te han hecho daño es importante. Comprender que eres tú quien ha permitido que te hagan daño es sanador. Pero, cuidado, porque esto son también trampas del ego. Si bien ha habido herida y daño, esta herida y este daño ocurren a nivel del ego, de la mente superficial. La esencia no se identifica con esa herida ni con ese daño a nivel particular. No es una negación de la herida ni del daño, ni tampoco una justificación o minimización, ni mucho menos una banalización, es simplemente otro estado de conciencia más profundo, una mayor comprensión del hecho visto desde su totalidad, algo que el ego no puede comprender. Cualquier intento de explicación que ocurra desde el ego solo conseguirá un mayor fortalecimiento del ego y un mayor distanciamiento del no-ego. Conviene no caer en las trampas del ego, no quedar atrapado en sus redes.

La verdadera acción surge de la verdadera comprensión.

La ética es siempre individual. Cuando uno habla de ética, en realidad, está hablando de sí mismo, es el ego expresándose.

La mente del yo se percibe como lectora de almas, de conciencias, de personas, de la vida que percibe y de la vida que trasciende. Y en ocasiones escribe sobre aquello que lee. Todo desde su limitada capacidad de comprensión. A la mente del yo le gusta leer, porque puede leer sobre infinitas vidas. También le gusta compartir con otras mentes lo que escribe sobre su camino. En la escritura, cuando es espontánea, hay creación.

El ego nos envuelve cada día, y cada día podemos darnos cuenta de cómo nos ha envuelto. Me doy cuenta de que la mente del yo se da cuenta de lo que se da cuenta... nada más.

Volveremos a creer en la humanidad cuando volvamos a creer en nosotros.

*Non soli sumus*

# 2. Observar y no juzgar

Hemos repetido muchas veces las bondades de observar y no juzgar. Vamos a dedicar un capítulo a esta tarea, aunque es algo que está de forma más o menos explícita en toda la colección. Ciertamente, no juzgar no es algo a lo que estemos acostumbrados. Ya desde pequeños se nos evalúa constantemente en la escuela, se nos juzga por nuestro comportamiento en todas partes. Nuestras actitudes, nuestras notas..., todo está sujeto a juicio. Básicamente, vivimos en una sociedad basada en juzgarlo todo de acuerdo con un criterio bien-mal.

Valoramos el físico de los demás, su desempeño, su manera de vestirse, de expresarse, de hablar. El chisme, los programas de la televisión, incluso el deporte, todo se basa en juzgarnos los unos a los otros. Nadie está a salvo de ser juzgado, criticado, humillado e incluso discriminado por ser calificado como «diferente». El racismo, el clasismo y todos los demás *ismos* tienen su origen en la idea de que tenemos que enjuiciar todo lo que observamos; que como seres humanos tenemos que ser capaces de dictaminar si algo está bien o está mal. Tantos años de condicionamiento consiguen que aprender a no juzgar, desaprender esa rutina, se convierta en una tarea que requerirá su tiempo. El camino nos va a mostrar las consecuencias tanto de juzgar como de no hacerlo. ¿Caminamos juntos? Vamos.

El ego prefiere decir que escuchar, juzgar que observar. Uno es como es, y eso es así. Y la mente del yo nos juzga. Dice que no lo hace, pero no es verdad. Juzga. Y se juzga por juzgar.

## Del yo al es

Quizá no sea sencillo explicarse del todo en los párrafos que siguen, pero hay que intentarlo. Ir del mero yo, al que tanto espacio dedicamos, al ser, no es un cambio de cromos, no es como ir de un sitio a otro, sino un cambio de escenario de otra naturaleza sin cambiar por fuerza de sitio, aunque nos vayamos metafóricamente a otro lugar, y por eso también hablaremos ahora, como en más ocasiones, del camino, de la totalidad. De uno, sí, pero también del Uno. Vamos con ello.

Al vivir vigilante, observando, sin juzgar, uno siente cómo cada ruido, cada color, cada olor, cada sabor, de alguna manera le pertenece a uno, sin posesión, más bien en unión. Siente que cada cosa que ocurre lo hace solo para uno, no como exclusividad, más bien como inclusividad. No se siente ajeno a nada, sino parte de todo.

Los demás, lo otro y uno, compartimos un mismo escenario, pero la obra somos todos. El camino somos todos. Lo otro no es sin uno y uno no es sin lo otro. Estamos íntimamente conectados. De repente, siento que pertenezco a este momento. Siento que el momento es uno, que es mi creación. Y al sentirme así, puedo relajarme, bajar las barreras, quitar las defensas y fluir con toda seguridad. Sentir la paz y el amor que hay en mí y en todo. Sentir que todo es amor.

Por lo general, la gente no es consciente del sonido que sus zapatos hacen al caminar. Uno lo oye y se convierte en el sonido. Los pájaros, quizá, no sean conscientes de su canto. Pero uno los oye y se convierte en el canto. Se supone que el sol no es consciente de la luz que emite, ni tampoco las estrellas. Uno ve esa luz y se convierte en ella. Creemos que la flor no es consciente de la fragancia que emite. Uno sí, y se deleita con ella y se transforma. Uno permanece despierto y abierto a todo.

La risa de un niño, una obra de arte, una puesta de sol, la belleza, las juzgadas como «buenas acciones» y las obras de los más santos entre los santos..., todo lo ve uno y se diluye en ello. Todo lo bueno y maravilloso lo ve y, al verlo, se transforma. Y también vemos lo malo. Lo acogemos y es uno, y lo abrazamos con misericordia, con comprensión, compasión, paciencia y amor. Y al fundirnos, nos enriquecemos y nos transformamos.

Lo bueno y lo malo únicamente existen como tales en la conciencia del yo. Y uno lo sabe. Uno recuerda que es el yo el que juzga. Uno es todo lo que ve, también los otros, todo lo que vive. Y al ser los otros, ya no los sentimos extraños, ya no los rechazamos, ya no duelen. Uno se transforma en vosotros y se une, uno a uno, a cada uno de vosotros y ahora formamos uno solo, somos solo uno. El camino se convierte en un camino de unidad. Todo cuanto se ve, se oye, se huele, se toca o escucha es uno y en la fusión nos sentimos como uno mismo y al sentirlo lo amamos como a nosotros mismos.

Por el contrario, cuando el yo se cierra en sí mismo, nota todo como si fuera ajeno a él, extraño. Y se siente en peligro, en guardia, alerta y eso hace que active las defensas y que se aísle aún más de todo y de todos, alejándose el yo de los otros y los otros del yo. Y en esa separación surge la incomprensión, la distancia emocional, el miedo, la competición, el odio, la ira, el uso, el abuso, la tristeza.

Sin embargo, cuando uno se limita a observar sin juzgar, uno se abre como una flor, se vuelve permeable como una esponja, permite que lo otro entre en uno, hasta lo más profundo de sí mismo. Y al entrar lo otro se vuelve uno y uno se vuelve lo otro. Y al fusionarnos, nos enriquecemos, nos transformamos y dejamos de ser lo uno y lo otro. El camino es el camino de la unidad. Cuando el yo está absorto en sus pensamientos se vuelve estanco, impermeable. No contacta ni comunica con nada ni con nadie. Y ese estado de aislamiento lo empobrece. Se estanca e incluso retrocede al yo más duro. Ahí cada uno camina por un lado, ajeno a los demás.

Cuando la mente se limita a observarse a sí misma sin juzgarse, se ve y siente cada sentimiento que tiene en el mismo momento en el que se produce, ve cada reacción, cada palabra, cada acto. Y uno lo acepta y se funde y se transforma. Uno ve cómo está creándose a sí mismo en ese mismo instante. Nota que pertenece, que es creación. Y al darse cuenta de que uno es creación, la mente puede relajarse, porque se da cuenta de que estamos donde tenemos que estar, ahí donde pertenecemos y somos Uno sin ser juzgados, donde se puede vivir libre, ser libertad. Uno siente que es, sin más. Que es como es. Solo es. Incluso es sin ser uno. Es el camino. Es.

Ese mirarse y verse y aceptarse sin juzgarse nos transforma una y otra vez y nos sitúa en un estado de permanente y continuo cambio, en un ciclo sin fin de transformación. Y en ningún momento uno echa la vista atrás, ni se acuerda de quién era. Y en ningún momento echa la vista adelante ni se imagina quién podría llegar a ser. Solo se mira, se mira continuamente y os mira de manera constante y mira todo sin descanso. Y ese mirar sin juzgar perpetuo le enriquece. Y se transforma, es transformación. Es. Y no se detiene, no para ni un segundo. Solo es. Y sigue así, siempre mirándose, siempre mirando y con esa eterna mirada se transforma y cambia el mundo. Y como resultado, todo se modifica, solo la paz permanece en uno, porque uno es.

Y en un momento dado, ya no hay una mente que mire ni un uno que se enriquezca ni un uno que se transforme, ni dentro ni fuera, ni uno ni el mundo. Solo hay aquello que es y aquello que no es. El camino, tal y como era hasta ahora, desaparece y aparece algo nuevo, eterno.

## El ego no quiere morir

La mente del yo se da cuenta de cómo el ego va buscando pistas en todo lo que ve para fortalecerse. Si lee algo escrito por un autor por el que siente admiración, el ego busca identificación con el lugar o la fecha en la que fue publicado con ánimo de reforzarse. El ego busca coincidencias en fechas, lugares, sucesos, pensamientos para sentirse identificado y hacerse más fuerte. Se pega como el chicle a la muela a cada cosa que ve, que oye, que lee, que piensa.

El ego quiere sobrevivir y para ello busca la continuidad en cualquier cosa que le haga sentirse inmortal: lo incomprensible, la reencarnación, el más allá, el cielo, el nirvana. Busca descaradamente cualquier cosa a la que aferrarse y que le permita creer que así va a perpetuarse. El ego no quiere morir. La mente del yo se da cuenta de que el ego no quiere morir y continúa la observación. Uno no se identifica con el ego que no quiere morir y no se detiene más en el chicle pegado a la muela, que es el ego que no quiere morir. La mente del yo lo observa, no lo juzga y sigue. Al detenerse a observar con detenimiento cómo funciona el ego para no morir, en ocasiones solo se consigue que la mente del yo se identifique con el ego y que este salga reforzado. Así suele suceder tanto cuando es observado detenidamente, como cuando es ignorado por la mente. Supuestamente, solo una mente que haya trascendido el ego dejará de verse afectada por este.

El ego no quiere morir, nos ha sido revelado.

Continuamos este tramo del camino de observación sin elección y sin juzgar. Hay tanto que observar...

## La mosca y la tormenta

Sentado junto a la ventana abierta de par en par, alguien escucha de fondo las notas que alegremente salen del violín que toca alguien a quien en este momento llama con amor «hija». Se da cuenta ahora de que sobre la barandilla de la ventana hay una mosca. La mira detenidamente y vence, sin esfuerzo, el primer sentimiento de rechazo hacia ella. La mente del yo se da cuenta de que piensa que es la mosca la que está invadiendo el espacio de uno y, de repente también se da cuenta de que quizá la mosca pueda sentir que es uno el que está invadiendo su espacio. Después, la mente del yo piensa que el espacio existe para los dos, para la mosca y para uno. A continuación, piensa que el espacio, la mosca y uno somos solo uno. Y cuando está tan contento con ese pensamiento de unidad, la mosca levanta el vuelo y desaparece. En ese momento, la mente del yo se pone triste porque ha desaparecido algo que consideraba suyo —la mosca— o, al menos, algo con lo que se identificaba.

Acto seguido, se da cuenta de que la mente del yo no ha entendido aún lo que significa comprender lo que es. La mente del yo se da cuenta de que el ego se ha identificado primero consigo mismo, luego con la habitación, después con la mosca y, finalmente, con el espacio más o menos total. En todo momento ha habido un reconocimiento y una identificación. En ningún momento ha habido simple observación. La mente del yo se da cuenta de que le entristece que el ego funcione así y que anhela liberar al ego de todo condicionamiento y, sobre todo, del «yo». En ese momento, la mente del yo se da cuenta de que querer trascender el «yo» lo único que hace es fortalecerlo más y anclarse más a él. Eso le lleva a sentirse aún más triste y desesperanzada.

Entonces siente que es una tarea imposible observar sin juzgar y sin identificarse con lo que es observado. Y la mente del yo se pregunta: ¿para qué vale tanto esfuerzo si al final vamos a seguir exactamente igual? Y reconoce que no tiene una respuesta que le aporte calma. Si acaso, piensa que al menos ahora es consciente de cómo funciona y que alguien «sabio» alguna vez dijo que ese es el camino de la liberación. Probablemente, no dijo eso o no lo dijo como lo entiende la mente del yo. Pero aquí sigue, siendo mente del yo, siendo.

Creo que la idea está más o menos clara, pero podemos ampliarla, alimentarla con otras comparaciones, como la del pez que miramos casi hipnotizados dentro de su globo de cristal lleno de agua y que también nos mira a nosotros —también *es* nosotros—. Juan Goytisolo, en una entrevista, hacía referencia a una cierta altivez que se percibe a veces en los conductores de un vehículo mientras miran a los peatones en un paso de cebra, sin darse cuenta de que son ellos los peces en la pecera, y no tanto los viandantes. O volviendo, casi en círculo, a nuestro relato original, «La escafandra de la astronauta», consideremos que, al igual que la niña ve el mundo que tiene a su alrededor, ella es también contemplada por el mundo, estupefacto ante el hecho de que ella lo haga —al principio— con una veladura en forma de escafandra, y no en igualdad de condiciones.

Ahora se escuchan truenos en la lejanía. El cielo está cada vez más gris, los pájaros cantan, los árboles florecen, el aire es fresco y limpio, y el mundo sigue girando. Y algo en lo más profundo de uno le dice que así está bien. Es un consuelo que uno no puede explicar, razonar ni ponerle palabras. Es un conocimiento que parece haber sido transmitido por alguien, que no es propio. Pero a la mente le vale y hace que se sienta más tranquila y esperanzada. Ahora llueve a mares y los truenos retumban justo encima de la cabeza. La mente es feliz viendo llover desde casa con las ventanas abiertas de par en par. Y uno también. Y la mosca ya no está.

## Yo juzgo

La mente se da cuenta de lo importante que es la atención plena, de darse cuenta sin juzgar, porque cuando juzga ya no hay atención plena, solo percepción selectiva hacia aquellas cualidades en las que se está fijando y que aportan evidencias a su juicio.

Juzgar implica perderse en los detalles, no ver el cuadro en su totalidad, visión de túnel, empobrecimiento de la verdad, perderse lo que es.

Cuando la mente del yo juzga, limita, se limita y limita lo que percibe.

Juzgar nos hace limitados. Juzgar es una actividad del yo que fortalece el yo. Es una necesidad del yo para existir.

Una mente que no juzga es una mente alejada del yo. Juzgar nos hace sentir mal, incómodos, separados, aislados, tristes, enfadados, alejados de los demás, inquietos, agitados.

Juzgar nos agota, es extenuante, requiere de una cantidad ingente de recursos, primero para decidir si algo es bueno o malo, luego para obviar la verdad, después para recordar lo que pensábamos sobre eso y, por último, para seguir buscando evidencias que corroboren la teoría de que eso es bueno o malo y para seguir obviando las que no lo corroboran.

Juzgar es agotador. Juzgar es una forma de violencia. Es la falta de amor más grande que hay. Donde se juzga, no hay amor. Cuando juzgamos, no somos amor. Somos el yo reforzándose a sí mismo. La mente del yo no entiende por qué tendría que juzgar. No le gusta juzgar y, sin embargo, no para de hacerlo. La sociedad actual se ha construido sobre la base de los juicios y ha dividido a los hombres en diferentes grupos en función de sus juicios.

La forma de pensar es la forma de juzgar. Juzgar de la misma manera nos une, mientras que juzgar de manera contraria nos enfrenta.

Somos como juzgamos. Cuanto más juzgamos, menos libres somos. Juzgar nos impide conectar con lo que es.

Si está lloviendo y entendemos la lluvia como una desgracia que nos impide salir a pasear, estamos desconectados de este instante, estamos al margen de lo que es, nos estamos perdiendo la realidad, no estamos viendo la verdad, estamos limitándonos, intentando huir con el pensamiento, con la idea de un día de sol. Juzgar el hecho de que llover nos viene bien, mal o regular implica dedicar vastas cantidades de energía al hecho de que está lloviendo. Si nos gusta mucho ver llover, nos preocupará que deje de llover. Y lo contrario. La mente del yo ha llegado a un punto en el que se da cuenta de muchas más cosas que antes. Ahora es más consciente de lo que era. Sin embargo, ahora tampoco juzga menos que antes. Sigue juzgando con la misma frecuencia. Quizás ahora juzgue de forma más benévola que antes, pero juzgar, lo que es juzgar, sigue juzgando tanto como antes.

A la mente del yo le molesta enjuiciar. La mente del yo se da cuenta de que juzga el hecho de que juzga. Pero, al menos, ahora la mente del yo se da cuenta de que está juzgando constantemente. Para la mente del yo todo es bueno, malo o regular, bonito o feo, agradable o desagradable, apetecible o no. Todo es algo, todo encaja en alguna categoría, todo está dentro de un continuo de diferentes categorías, así que coloca cada cosa en los diferentes continuos que ha creado: el de lo bueno o lo malo, el continuo de lo agradable o desagradable, el continuo de lo bonito o de lo feo. La mente del yo ve, identifica, clasifica y califica, y en función de eso responde de manera automática.

La mente del yo evalúa, juzga y dicta sentencia y después hace todo lo que puede para que se cumpla la sentencia. Ese permanente conceptuar también implica adjudicar culpabilidad, establecerse según parejas dialécticas, como culpa e inocencia. La mente del yo se juzga a sí misma de manera constante, y la mayoría de las veces se juzga como culpable. Y se juzga culpable de juzgarse y se considera culpable de haber obrado mal, aunque no pueda especificar exactamente cuándo ni por qué lo ha hecho. Por si acaso, sentencia que es culpable.

La mente del yo se juzga culpable de no quererse lo suficiente, de no amar como es debido, de no ser virtuosa ni humilde ni buena.

La mente del yo se juzga culpable del dolor de otros, se juzga culpable casi hasta de existir.

La mente del yo se juzga culpable de no haber hecho más, de no haberlo hecho mejor, de no haberlo intentado más, de haberlo intentado demasiado, no haber seguido, de haberlo dejado, de forzar, de no forzar. Se juzga absolutamente culpable de todo lo que ha hecho siempre.

Es muy difícil ser feliz y estar en paz cuando la mente del yo se siente culpable de todo lo malo. Decir que algo es malo es juzgar.

La mente del yo tiene la sensación de que todo lo malo que ocurre en el mundo es culpa suya. Imagina que esa enorme culpabilidad es del tamaño del ego.

Ego muy grande, culpabilidad muy grande.

Si no juzgara ni se juzgara no habría asignación de culpabilidades.

La mente del yo es culpable porque así lo ha elegido. Y si se juzga a sí misma de ese modo, juzgará a los demás también culpables.

Según cree, todos somos culpables.

No piensa, juzga. El pensamiento siempre lleva implícito un juicio.

La mente del yo no observa, juzga.
No ve, juzga.
No escucha, juzga.
No se relaciona contigo, te juzga y se juzga.
No te ama, te juzga.
La mente del yo es juicio.

Juzga a diestro y siniestro.
Se odia por ser así.
Se juzga por juzgar.

Se juzga por no saber parar.
La verdad es que juzga.
Eso es lo que es.
Es algo que juzga.
Es quien juzga.
Es lo que juzga.
Juzga.
Juzga y dicta sentencia.
Se da cuenta de que juzgar le hace sentirse desdichada.
Pero sigue juzgando.
No está libre de juicios ni de prejuicios.
Se juzga negativamente por ser así.
Se siente culpable por ser como es.
No acepta lo que es ahora.
Desea cambiar.
El deseo de cambiar le impide cambiar.
El deseo solo fortalece el yo.
Juzga.
Se da cuenta de que juzga.
No mira para otro lado.
No elude darse cuenta de la verdad.
Juzga a todo y a todos.
Se da cuenta de que juzga.
Observa que juzga.
Observa como el hecho de juzgar le quita energía y paz.
Se da cuenta de que lleva toda la vida juzgando.

Fundamentalmente, la mente del yo enjuicia desde las escalas de bondad, belleza, importancia, satisfacción, tranquilidad, precio y moralidad. Todas son escalas de valores del ego. El ego es quien las ha creado y cada cosa que ve, cada persona que conoce, cada idea que tiene, pasa siempre por ese filtro. Todo lo que el ego ve es juzgado de acuerdo con su escala de valores, y dentro de esta, unas cosas tienen más valor que otras. Por ejemplo, elige belleza a tranquilidad. Sacrifica la tranquilidad por poseer belleza. En este momento, elige una persona bella antes que a una persona que le aporte tranquilidad. Le da mucho valor a la belleza.

La mente del yo piensa que eso es por el narcisismo y la falta de humildad y de amor propio del ego. Cuanto más importante le parece algo, más esclava es de ese algo.

Considera muy importante estar con una pareja que el ego juzga como guapa, se siente mejor así. No estar con una pareja guapa le hace sentirse una fracasada.

Esa es la verdad.

Eso es lo que es.

La mente del yo intenta verlo tal y como es, y no juzgarse para así poder verlo tranquilamente y en toda su extensión. Quiere ser capaz de analizar el hecho de que estar con una pareja que juzga como guapa le hace sentirse más importante, sin sentirse mal ni bien por ello.

Quiere poder darse cuenta de ello sin deseo de cambiar cómo es, poder permanecer ahí sin juzgarse y sin huir, de forma neutral, indiferente, pero consciente ante el hecho de que estar con una pareja que juzga como guapa le hace sentirse más importante.

La mente del yo se da cuenta de que estar con una pareja que el ego juzga como guapa adorna su fealdad, da brillo a las sombras. Además, estar con una pareja que el ego juzga como guapa le vuelve visible a ojos de los demás, hace que los demás lo admiren. Es una forma de darle una bofetada en la cara a los demás, sobre todo a los que le desprecian.

La mente del yo se da cuenta de que estar con una pareja que el ego juzga como guapa fortalece el ego. Y también de que el ego le controla, de estar sometida al ego. Y, además, repara en que quiere estar con una pareja que el ego juzga como guapa no porque la ame, sino porque el ego lo necesita, le hace falta para alimentarse a sí mismo, pero realmente nunca ha amado a ninguna pareja. Y ahora se juzga culpable de haber utilizado a las parejas que el ego juzga como guapas para autoalimentarse.

La mente del yo se da cuenta de que al juzgarse como culpable pierde la perspectiva y no comprende la totalidad. Y ese juzgarse y culpabilizarse lo lleva a no querer profundizar más en la situación. Repara en que juzgar es una resistencia del ego para dejar de profundizar, se da cuenta de que juzgar es una estrategia para terminar de forma rápida y sencilla con una situación que percibe como un problema y pasar a otras cosas que le resultan más agradables y menos profundas.

Sí, el ego juzga. Esa es la verdad. Es la verdad del yo. Es la verdad de la mente del yo. En cuanto la mente del yo empieza a juzgar, se detiene la observación y la mente del yo deja de comprender.

Juzgar a otro es como lanzar un bumerán. Todo juicio vuelve a la mente del yo con la misma intensidad con la que lo lanza.

Observemos cómo se habla la mente del yo, cómo se mira, lo que piensa de ella misma.

Observemos cómo se trata y veréis que no hay culpables de que se trate a sí misma como lo hace.

La mente del yo es libre de liberarse de todo condicionamiento, prejuicio e ideas previas. Pero no lo hace.

## En este momento

La mente del yo, en ocasiones, ve la verdad de lo que es.
Detengámonos un instante…

En este momento, la mente del yo ve cómo intenta no ver lo que es.
En este momento, la mente del yo ve cómo intenta cambiar.
En este momento, la mente del yo ve cómo intenta transformarse.

En este momento, la mente del yo ve cómo intenta
llenar el vacío del ego, ser libre, descondicionarse,
calmarse, sentirse libre, amada.
En este momento, la mente del yo ve los esfuerzos
del ego por dejar de ser quien es,
por convertirse en quien no es.
En este momento, la mente del yo ve cómo le
desgasta intentar ser quien no es.
En este momento, la mente del yo ve cómo, cuanto
más se esfuerza el ego en no ser, acaba siendo más
ego.
En este momento, la mente del yo ve el conflicto
consigo misma.
En este momento, la mente del yo ve la lucha
interna.
En este momento, la mente del yo ve cómo el yo se
despedaza para dejar de ser yo.
Al hacerlo, cada vez es más aquello que no quiere
ser.
En este momento, la mente del yo ve la lucha por
desprenderse del yo.
Y ve cómo esa lucha le entierra aún más
profundamente.
Y ve cómo el deseo del yo de querer dejar de ser yo
le impide dejar de ser yo.
Y refuerza más el yo.
En este momento, la mente del yo ve la frustración
por no ser capaz de dejar de ser un yo.
En este momento, la mente del yo ve el esfuerzo y
el refuerzo.

En este momento, la mente del yo ve que el esfuerzo solo refuerza el yo.

En este momento, la mente del yo ve la resistencia del yo y cómo la retiene.

En este momento, la mente del yo ve el deseo de cambiar del yo.

Y ve cómo ese deseo le impide cambiar.

En este momento, la mente del yo ve cómo el yo desea no querer cambiar,

porque sabe que desear cambiar le impide cambiar, y ve cómo el deseo de no querer cambiar también le impide cambiar.

En este momento, la mente del yo ve el yo en funcionamiento.

Y, a veces, la mente del yo ve el yo y no siente que tenga ninguna relación con él.

En ese momento, no siente ninguna sensación de paz ni de tristeza ni de nada.

En ese momento, la mente solo ve. ¿Habrá dejado de ser conciencia del yo?

El camino transita por angostos senderos, rocas escarpadas, cumbres heladas, terrenos pantanosos, fango, metros de barro, piedras. No hay atajos. Cuando lo necesitemos, recordamos: respirar, pedir ayuda, no estamos solos.

# 3. Naturaleza de lo incomprensible

Hay una naturaleza del yo y una naturaleza del buda, un reino de la tierra y un reino de los cielos. Y ambos existen simultáneamente en uno y a través de uno.

Como es natural, seguiremos indefectiblemente cabalgando a lomos del ego, recorriendo las interminables llanuras y las aguas profundas de la mente del yo, pero también, en este nuevo capítulo, antes que seguir en círculos, se intentará profundizar en el camino, en la posibilidad de trascender el ego y en la idea de lo incomprensible.

El ego, ya lo hemos visto, es acaparador, necesita expandirse, conquistar nuevos territorios, ya sean de este mundo o de otros. Cuando el ego se da cuenta de que, por mucho que acapare, va a terminar por desaparecer, se inventa lo incomprensible, el más allá y la trascendencia del ego. Todo ello, con el único fin de seguir siendo incluso más allá de lo razonable. El ego se inventa el paraíso y lo incomprensible como lugares donde refugiarse y seguir siendo. El ego no puede parar, porque si para se desvanece como una gota de agua en el océano. No puede haber un movimiento organizado para trascender el ego. No pueden inventarse nuevas religiones, tampoco reformar las anteriores ni crear movimientos antirreligiosos, o no religiosos, ni de ningún tipo para trascender el ego. Cualquier ideología, pensamiento común o individual, movimiento social o personal encaminado a trascenderlo es simplemente otra trampa del propio ego para seguir siendo lo que es con otra apariencia. En este caso, la apariencia de no-ego.

La mente del yo cree que nadie, ningún profeta, ningún maestro ni gurú, ninguna mente, privilegiada o no, puede rescatarnos del ego, que se constituye en la primera y la última trampa. En este momento, únicamente un golpe de suerte, el azar, la fortuna o una fuerza inconcebible podría rescatarnos del ego. El camino tampoco nos va a rescatar del ego, esa no es su naturaleza, ese no es su objetivo, porque, como ya hemos ido intuyendo, si tuviera algún objetivo, algún propósito, este estaría siendo creado por el yo.

Es posible que el camino nos enseñe a trascender el ego, pero también es posible que no. Intentemos no pedirle aquello que no está en su naturaleza. Procuremos no engañarnos, permanecer con los ojos bien abiertos observando todo lo que el camino sí tiene para ofrecernos, así como todo lo que nos quita. No sabemos ni podemos imaginar cómo va a ser el camino a partir de este momento. Tratemos, si podemos, de no limitarlo desde nuestro yo. Intentemos, si podemos, permitir que se vaya presentando ante nuestros ojos tal y como es, sin desvirtuarlo con nuestras ideas previas, con nuestras creencias. Dejemos, si podemos, que surja de forma espontánea. El camino sabe. Si podemos, procuremos transitarlo con una mente de gratitud y de humildad. Sabemos que no es fácil, pero también sabemos que no estamos solos.

Volviendo al ego, nos damos cuenta de que nos hemos convertido en ego, hemos construido civilizaciones enteras sobre la base de la idea del ego, hemos levantado altares, conquistado territorios, controlado fuerzas invisibles, dominado el mundo, sometido a los animales, transformado la faz de la tierra, todo por y para el ego. Y, lamentablemente, no tiene solución, porque cualquier idea que tengamos para intentar arreglar todo esto se genera en el mismo ego, pasa por él y lo tiene a él como último destinatario. La idea de lo incomprensible que nos salve del ego tampoco podrá realmente salvarnos del ego.

La muerte tampoco nos salvará del ego. Él es nuestra trampa, nuestra maldición y nuestra condena, y cualquier intento de escapar o de redención o de perdón, lo único que consigue es fortalecerlo aún más.

Si de verdad hay algo más allá, eso estará más allá de las palabras también. Hablar de lo incomprensible o de la naturaleza de lo incomprensible desde el estado de conciencia del yo es tan absurdo como absurdo es el yo. Dios deja de ser Dios en cuanto lo nombramos.

Somos, en algún sentido, lo incomprensible, pero desde nuestro estado de conciencia del yo no comprendemos lo que eso significa. Solo lo incomprensible comprende.

Adelantemos, a este respecto, una idea que será recurrente más adelante: lo incomprensible se hace presente a través del amor y de la compasión. Mientras en la mente haya cualquier cosa que no sea amor y compasión, esta no será receptiva de lo incomprensible. La mente no cree realmente que tenga ningún papel especial ni específico en el plan de lo incomprensible, aunque sueña con tenerlo. La mente del yo no permite experimentar la mente del no-yo.

Pero sigamos. A pesar de que uno no crea en lo incomprensible —o sí lo haga—, hay que recordar que lo incomprensible es tanto una idea del yo como algo que el yo no puede comprender. La mente del yo no puede creer en aquello que es incomprensible. Sin embargo, lo incomprensible vive en uno y uno vive en lo incomprensible.

La mente del yo imagina el más allá como un camino simétrico al camino que recorre. Lo mismo ocurre con lo incomprensible: la mente del yo imagina lo incomprensible como algo simétrico al yo, que es lo único que conoce.

El Uno carece de forma, mientras que el yo se enreda en las formas.

Si damos un paso más, diríamos que la ardilla que antes fue Buda ahora es ardilla de nuevo y sigue teniendo necesidades de ardilla, aunque siga reconociendo a Buda en sí misma.

El zen es en ti o no es, aunque siga siendo. Al igual que el camino.

¿Quién soy? El camino es.

El camino debe cuidar de uno y uno debe permitir que el camino cuide de uno.

Uno debe honrarlo.

Lo incomprensible sigue siendo lo incomprensible, en este caso, a través de uno. Lo incomprensible está experimentándose a sí mismo a través de la existencia. O eso cree la mente del yo desde su estado de conciencia actual.

Mientras la mente del yo siga empeñada en intentar comprenderlo, la mente del yo nos seguirá devorando a uno. Y, sin embargo, el camino es.

La llaman falsa moral, como si hubiera una moral verdadera. Lo mismo ocurre con los dioses cuando son creados y pensados desde el ego.

Quisiera dejaros en herencia que os améis profundamente a vosotros mismos y a los demás. Que seáis amor. ¿Esa es la naturaleza del camino?

No soy tan fuerte como Atlas para soportar el peso del mundo sobre mis espaldas. Realmente nadie lo es, porque no se trata de soportar el mundo, se trata de ser el mundo, de fundirse en él y ser uno solo con él, Uno con la naturaleza del camino. Se trata de transitar el camino.

Un día perdido es aquel en el que uno no conecta consigo mismo. Porque uno, de alguna manera, es el camino y el camino es en uno.

El camino es el que es, estemos conectados o no.

## Energía única vibratoria

A pesar del ego y al margen del ego, es decir, sin el ego, existe la energía.

Existe energía en vibración. O no.

Lo que vemos, sentimos, percibimos es, aparentemente, la misma energía vibrando de forma diferente. No tenemos capacidad de alterar la forma en la que la energía vibra. Podemos amar nuestra vibración, porque es lo que somos en este momento. Nuestra construcción del yo, separado de todo lo demás, no reconoce la realidad de la unidad. Trascender nuestra construcción del yo nos lleva irremediablemente a reconocer la realidad de la única energía vibratoria.

En ese sentido, posiblemente no sería del todo pertinente hablar de «conciencia sin fronteras», al menos mientras sigamos pensando sobre la conciencia desde el ego. Parece que tiene más sentido decir que «la conciencia son fronteras», que la conciencia de uno mismo es la primera frontera, la fuente de todo conflicto y de toda perturbación. La mente del yo cree que toda conciencia, incluida la del yo, es una manifestación de la que podríamos llamar «energía única vibratoria». Y cree que, a veces, morir por los demás es parte del proceso de volver a nacer, que la vida no tiene sentido sin la muerte, que vida y muerte son un continuo de un mismo camino, que la muerte, como la vida, es la energía única vibratoria vibrando. Que al formar parte de una única energía vibratoria el camino no empieza ni acaba con uno, puesto que uno no existe de forma independiente a todo lo demás. Que lo que la mente del yo ha creado como un yo independiente es realmente energía interdependiente en constante relación y transformación con todo lo que es. Que la materia es una forma específica de vibración de la única energía vibratoria. Que la materia no existe aislada del resto de la única energía de la que forma parte.

La mente del yo cree que la tristeza y el sufrimiento son fruto de la idea creada por la mente del yo de percibirse como algo independiente al resto de la única energía vibratoria. Que al crear el yo, la mente del yo vibra de tal manera que siente dolor y padece sufrimiento, y que estos sentimientos se originan al no vibrar en armonía con el resto de la energía única vibratoria. Cree que la mente es capaz de alterar la vibración para producir ondas armónicas y disarmónicas que afectan a toda la energía única vibratoria. Que el dolor y el sufrimiento surgen de alimentar el yo, de intentar salvarlo, del esfuerzo en aislarse de esa energía única. Al fortalecer el yo, vibramos de forma discordante, produciendo anomalías en el campo vibratorio único.

El amor, sin embargo, la unión con lo que es, la vibración armónica con lo que es, genera armonía y la sensación material de estar en paz. Así, la mente cree que el sentimiento de estar en paz se origina cuando vibramos de forma armónica en el conjunto de la energía única vibratoria. En ese estado de armonía, el «quiero» y el «no quiero» son sustituidos por un «ser amor» o «no ser amor».

¿Cómo podemos transformar la materia? Vibrando de otro modo. Y ¿cómo podemos vibrar de otra manera? Aquí entran en juego la meditación, el amor, la compasión y lo que no es nada de eso. ¿Si el objeto es diferente del sujeto, cómo se explica que pueda verme y sentirme como si yo mismo fuera un objeto? Si uno es un objeto, entonces no puede ser a la vez un sujeto. La respuesta más plausible es que uno no es un objeto ni es un sujeto, aunque tampoco es un no-objeto ni un no-sujeto. El mundo que la mente del yo percibe como externo y ajeno es, en realidad, el cuerpo. El objeto que la mente del yo ve y que percibe como externo y ajeno es ella misma. Cuando la mente del yo mira un objeto, se está mirando a sí misma. Cuando uno mira un objeto, se está mirando desde donde mira. El lugar que uno mira es el lugar desde donde mira. Cuando uno mira a la pared, se está mirando desde la pared. No existen límites ni demarcaciones. Si vemos un límite, conviene entender que estamos viendo una ilusión. Si uno se siente ajeno o separado de algo o de alguien es porque está viviendo fuera de la realidad, es una ilusión de la mente del yo, una mentira.

En ese sentido, la budeidad sería un estado de conciencia en el que la esencia se da cuenta de que todo fenómeno objetivo que emerge no es más que una emanación de la conciencia.

Antes de continuar, una vez más pido sinceras disculpas por utilizar las palabras Buda, Cristo, budeidad, cristianismo, etcétera, ya que soy perfectamente consciente de que mi conocimiento sobre el budismo, el cristianismo, el tao, el zen, etcétera, es muy limitado e incompleto. Intento traer esos conceptos con el fin de ilustrar ciertas ideas, nunca con ánimo de contradecir ningún campo de conocimiento, de experiencia religiosa ni de manifestaciones espirituales. Humildes disculpas.

## Perder para ganar

La mente del yo que busca trascenderse cree que el final del camino es la unidad total, que solo puede alcanzarse eligiendo uno mismo desintegrarse para convertirse en Uno. Morir para renacer en Uno. Pero ¿quién quiere morir? ¿Quién quiere dejar de ser? ¿La mente del yo? ¿Cómo puede ser que uno tenga que morir para volver a ser?

La mente del yo cree que cuando uno muere, lo que de verdad termina es la identidad con la que se identifica, pero no que muere porque deja de existir conciencia de un yo y queda solo conciencia de Uno. La gota de agua que cae en el océano deja de ser una gota para convertirse en océano. Desaparece como gota, pero reaparece como océano. Le es ajena la naturaleza de la gota, pero se expande a la naturaleza de la inmensidad. Su nueva identidad es esa, la inmensidad, aunque siga siendo identidad y, por tanto, conciencia parcial de la totalidad.

La mente del yo se pregunta: ¿por qué aferrarse a ser gota cuando puedes ser océano?, ¿para qué empeñarse en ser un hipotético centro del universo cuando puedes ser el universo entero? ¿Para qué centrarse, concentrarse, cuando podríamos ser la expansión, la descentralización?

Es contraintuitivo, pero para ganar hay que perder.

Quizá por eso, solo quizá, Jesús se presenta voluntariamente para ser crucificado, porque solo puede volver a ser Uno, Dios, cuando deja de ser el hijo de Dios. Y con su ejemplo nos muestra una parte del camino que él recorrió. De hecho, se muestra parte del camino a sí mismo, porque nuestra salvación es la suya, porque él, de alguna manera, es nosotros y nosotros, de alguna manera, somos él. Y si alguno de nosotros no alcanza la salvación, la re-unión con Dios, el océano no estará completo, le faltarán esas gotas que aún no han vuelto, que aún no han pasado a formar parte del infinito océano. O al menos así lo piensa la mente del yo desde su limitado estado de conciencia actual.

Fuera como fuere, el camino es el que es y nosotros siempre podemos recordar, cuando lo necesitemos: respirar, pedir ayuda, no estamos solos.

A continuación, un sueño que resultará cuando menos curioso. Todavía hoy no alcanzo a comprender todo su significado, si es que tuviera alguno. En cualquier caso, lo comparto porque formó parte del camino en un momento dado. La mayoría de las veces no alcanzaremos a comprender el verdadero significado del camino. Lo asumimos. No entendiendo.

## Anoche la mente le prendió fuego al infierno

Anoche, entre el 8 y el 9 de septiembre de 2020, mientras dormía en un hotel en el aeropuerto Shanghái Pudong, la mente inconsciente visitó en un sueño un lugar aterrador.

Estaba en un edificio señorial, enorme, antiguo, blanco, como construido en los años 20 del siglo XX en algún país de Centroeuropa. La mente no recuerda qué me llevó allí. Recuerda que no estaba sola cuando entró y que lo que vio al principio no le asustó demasiado. Por algún motivo, que no recuerdo, fui adentrándome en el edificio. Algo me decía que tenía que recorrerlo. Era como si buscara algo o a alguien. Una sensación de urgencia, incluso. Recuerdo haber abierto varias puertas, con miedo, y haber recorrido varios pasillos largos y vacíos. Una de las puertas se abría a un baño vacío. No me pareció significativo, pero lo recuerdo, y por eso lo cuento. De ahí, a través de un pasillo ancho y con las paredes pintadas también en blanco, entré en lo que podría ser descrito como un inmenso comedor, una sala enorme de techos altísimos. De una pared a otra podría haber unos cien metros. Era enorme.

Allí, en el centro, había de pie un grupo que la mente enseguida identificó como personas, no recuerda si conversando entre ellas o no. Serían unas quince o veinte, vestidas con cierta elegancia. Ellos llevaban trajes de chaqueta con una especie de corbata y ellas vestían con faldas hasta los pies, como vestirían a principios del siglo XX o finales del XIX. Todos tenían mirada como de chiflados. Entre todos ellos destacaba una mujer, vestida de blanco, alta, rubia, elegante, con aspecto de germana, con una expresión y una mirada fría. Ninguno de ellos le resultó a la mente mínimamente agradable, amistoso ni cercano.

La mente le preguntó qué hacían allí, pero no recuerda lo que le contestaron. Lo que no puedo olvidar es que señalaron hacia el fondo de la sala o directamente fue la propia mente la que percibió que allí había algo que muy probablemente era lo que, de alguna manera, estaba buscando. Allí, al fondo, había como un armario enorme donde ardían lo que, sin duda, eran las almas de varias personas. Antes de acercarse, les preguntó a los del grupo por qué estaban aquellas almas allí. Le contestaron con una mueca, mitad sonrisa, mitad risa, diciendo que se alimentaban de ellas, o algo así le pareció entender a la mente.

La mente no podía evitar sentir una tristeza enorme por aquellas pobres almas. Así que se acercó hacia la pared donde ardían. Pudo ver sus caras rodeadas de fuego, sin saber si ellas le veían también a ella. Por algún motivo, sin pensarlo, empezó a echar papeles que encontró en una estantería contigua a la pared del armario donde estaban ardiendo. Es posible que quisiera liberarlas de su sufrimiento. Impulsivamente, como digo, aunque sabiendo lo que hacía, con determinación, la mente, por no decir yo, comenzó a echar carpetas con papeles, tallas de madera, trozos de muebles, etc., hacia el fuego donde permanecían las almas. En ese momento, todo comenzó a arder aún más rápidamente. La intención de la mente era prender fuego a todo el edificio.

Una vez que me aseguré de que aquello iba a arder como una falla, busqué la puerta de salida por la que había entrado. Sin llegar a ella, supe que estaba cerrada con llave. Al fondo, vi una gran cristalera con unas rejas a unos dos o tres metros de altura sobre un muro que daba a una habitación contigua o a la calle. Pensé en romper la cristalera y escapar entre las rejas, ya que el tamaño entre barrotes parecía que era suficientemente grande como para poder pasar. Cuando corría hacia la cristalera, me interceptó la señora del vestido blanco. Estaba visiblemente enfadada. Enfurecida, dijo algo que la mente ya no recuerda e intentó que no saliera de allí, poniéndose delante con la intención de cortarme el paso.

Sin saber ni cómo ni de dónde, la mente sacó una pistola del bolsillo, apuntó directamente a la cabeza de la señora de blanco y le pegó un tiro entre ceja y ceja. No dudó ni un segundo ni tampoco sintió ningún tipo de pena ni de arrepentimiento. La señora cayó al suelo, fulminada. La mente siguió su carrera hacia la cristalera pegando tiros a algunos de los personajes que había visto al entrar y que intuía que tampoco le iban a querer dejar escapar de allí.

En aquel momento, el ruido de las llamas del edificio se oía desde donde estaba. El fuego estaba devorando el fondo de la sala y estaba claro que todas las personas que había en aquel grupo que vio al entrar en aquella sala iban a ser igualmente devoradas por las llamas del incendio que la mente había provocado. De nuevo, no sintió ninguna pena por ninguno de ellos. De hecho, pensó que se lo merecían, que merecían arder en aquel infierno por el daño tan grande que habían estado haciendo durante tantos siglos a tantas almas inocentes. En ese momento, la mente cayó en la cuenta de que cuando entró en aquel edificio sabía perfectamente a qué iba.

Llegó hasta el muro donde estaba la cristalera. Sabiendo que tenía que romper el cristal para poder salir de allí, arrojó un jarrón que encontró ahí mismo contra el inmenso cristal. El golpe hizo un enorme agujero, aunque la cristalera no se partió completamente. Continuó arrojando cosas que encontraba, incluyendo un tiesto con una planta y un macetero enorme que pudo lanzar cogiéndolo con las dos manos. Trepó por el muro hacia la cristalera, se deslizó entre los barrotes de la reja y saltó a la habitación contigua. En su huida, se cruzó con algún otro personaje más de los que allí vivían y a los que, sin dudarlo, les pegó otro tiro en la cabeza mientras escapaba de aquel espantoso lugar. Enseguida llegó al vestíbulo de entrada del edificio. Allí estaban esperando algunas personas que conocía. Se dijeron algo con la mirada y entonces desperté angustiado, sobre todo por la mirada de aquellas pobres almas ardiendo en lo que debería ser el infierno. Dios quiera que las haya liberado de su sufrimiento eterno. Descansen en paz.

Este sueño requiere, seguramente, de una buena interpretación, pero desde el estado actual de conciencia en el que se encuentra la mente, esta cree que posiblemente sea una referencia de la cárcel del ego, del infierno que supone para la esencia vivir encerrado en el ego, de cómo las tallas, las imágenes, las palabras, los objetos encarcelan a la esencia y le impiden vivir la verdad, ser libre. Parece un acto inconsciente de la mente del yo de darse cuenta de la cárcel que es el ego, del infierno que supone y de un intento de liberación del ego propio y ajeno. También podría tener otro significado u otros muchos significados, o quizá ninguno.

Terminamos este capítulo con una cita y algunas realizaciones más.

«Un humano que tenga la capacidad de aceptar la perfección de la existencia preferirá su contemplación» (Ghazali).

Jesús significa «te amo». Jesús significa «eres amado». Jesús es amor.

Dios es la ausencia de ego.

Encontraremos la budeidad el día que no la queramos para nosotros. Seremos un buda el día que, aun comprendiendo lo que es serlo, no queramos serlo. Mientras tengamos deseos de convertirnos en Buda, nunca lo seremos.

La deidad es el fruto que no acaba de germinar, porque la cáscara del miedo lo contiene. No puede haber deidad mientras haya un yo que la busca.

¿Probamos a rendir el yo, probamos a entregar el yo? Nos aferramos al yo como quien está colgando desde lo alto de un muro sujeto por sus dedos temiendo la muerte al caer.

Lo incomprensible no se esconde. ¿Probamos a permitirle mostrarse?

Para estar con lo incomprensible, no necesitamos morirnos, solo tenemos que dejar morir al ego y lo incomprensible será vida en nosotros; seremos conciencia de lo incomprensible.

El ego imagina a lo incomprensible fuera de él, mientras que el no-ego no se distingue de lo incomprensible.

El pensamiento más elevado de la mente es la idea de lo incomprensible. Y la realización de lo incomprensible es la aniquilación total del pensamiento.

Jesús es un estado de conciencia que trasciende a su persona o la idea que uno pueda tener de su persona. Lo mismo Buda.

# 4. Sin propósito

No hemos venido al camino para salvar a nadie.

No hemos sido enviados al camino para salvar a nadie.

Somos el camino y está en nuestra
naturaleza ayudarnos unos a otros.

La idea de encontrar un propósito que dé sentido al camino es una idea del ego. ¿Por qué debería tener ningún propósito el camino más allá del hecho de ser camino? A casi nadie le preocupa el propósito de la muerte, ni el de la existencia del universo, ni el de muchas otras cosas. Sin embargo, al ego, que no existe más que en su propia invención, le preocupa enormemente llegar a saber su propósito. Pero algo que no existe más que en la propia imaginación no parece que pueda tener ningún propósito, sencillamente porque no existe.

El camino es sin propósito. Como lo son la muerte o las estrellas. Aparentemente, todo es un proceso de transformación que posiblemente obedezca a causas que desconocemos, o quizá ni tan siquiera sea eso. Todo lo que podamos pensar sobre la vida y la muerte es especulativo, escapa a nuestra capacidad de comprensión. Y, a pesar de ello, el ego sigue buscando respuestas para su aparente existencia.

Encontrar un propósito es un acto de huida hacia adelante. En un momento dado, el ego comienza a darse cuenta del sinsentido de su existencia y entonces empieza a volverse loco, preguntándose el porqué de su vida. Es una pregunta que no parece que tenga una respuesta válida, porque el ego, ya lo hemos dicho, no existe y, por tanto, no podría tener ningún propósito.

«El secreto de la vida está en dotarla de intención y propósito». *Ego dixit*, es decir, eso es lo que se dice el ego a sí mismo. Es cierto que, si vivimos desde el ego, la vida no va a tener ningún sentido si no la dotamos de intención y de propósito, pero conviene recordar que no somos el ego, así que no tenemos la necesidad de darle sentido a su existencia.

La conciencia es a la vez el hecho y el sentido.

"Vamos a ir hasta el final del camino". Estamos decididos a hacerlo, aunque solo sea por la compañía y por las vistas. La intención de caminar hasta el final de la existencia del ego es eso, el ego intentando dotarse a sí mismo de sentido. Pero, al menos en este caso, el ego se propone disfrutar de lo que es y de la belleza indescriptible del camino. Estaríamos hablando de un ego adaptativo frente a un ego desadaptativo, aunque ego, al fin y al cabo.

El camino es el que es. Durante su recorrido, muchas veces la mente estará dominada por el ego y otras no y, aun así, el camino sigue siendo el que es. ¿Seguimos?

## ¿Residente o turista?

Vamos a internarnos brevemente en los vericuetos del sentido de pertenencia a un lugar, en cómo esto afecta-determina al yo. Es también una forma de hablar del camino. Antes de asentarnos, veamos la perspectiva desde fuera, la mirada del turista, del excursionista. Cuando uno viaja como turista a un lugar desconocido, por lo general disfruta de la cultura de ese país, de sus usos y costumbres, de la gastronomía, de los sonidos, de los diversos paisajes. Y se disfruta, entre otras cosas, porque todo es nuevo y se ve con la espontaneidad con la que se presenta a nuestros ojos. En esos momentos, estamos más abiertos a ver que a juzgar y disfrutamos con todo lo novedoso que el viaje ofrece. Somos turistas disfrutando de todo lo que el nuevo entorno aporta, dejándonos sorprender, agradar e incluso agasajar.

En cuanto turistas, vamos con una mente abierta observando todo lo que vemos, dejándonos empapar por lo nuevo y lo desconocido. Ante una cultura remota, rara vez tomamos partido por nada de lo que vemos ni solemos posicionarnos políticamente, no profundizamos en los problemas del día a día de las personas que allí viven. Somos, dicho de algún modo, conciencia de lo que ocurre, aunque sea conciencia superficial. A ese estado de conciencia es al que nos referimos cuando hablamos de ser turista, a una actitud de observación de nuestro entorno, en el que permitimos que la mente se empape de lo nuevo, que expanda su comprensión, que viva experiencias nuevas. Es verdad que, como turistas, casi nunca profundizamos en la comprensión de lo que es, pero al menos tenemos una actitud abierta, una mente flexible, integradora, y de ese modo nos podemos relacionar con el mundo como es, podemos conectar con lo que es, tomar conciencia del yo —y quizá también del no-yo—.

Es verdad que para tomar verdadera conciencia de lo que es no basta con ser un simple turista. Es preciso profundizar, liberarse de prejuicios y de juicios y permitir que la verdad se presente ante nuestros ojos. Se debería pasar de ser turista a, por ejemplo, ser un verdadero explorador, permitirse ser algo así como el Indiana Jones de la conciencia del yo. O acaso, puesto en otra perspectiva, lo contrario a ser turista sería ser residente. Cuando uno reside en una ciudad, por ejemplo, deja de observar el mundo como es y comienza a querer que el mundo sea como a uno le gusta. No se conforma con las cosas como son e intenta que estas cambien, se vuelve transformador. Cuando te percibes como residente, te molesta el tráfico, los atascos, la suciedad, el ruido, las listas de espera, los precios de la vivienda, los políticos y sus políticas, los vecinos, los conciertos y las fiestas por la noche que no te dejan dormir.

Al percibirnos como residentes, comenzamos a sentir que tenemos derechos, dejamos de fluir con lo que es y se pone a funcionar el ego al máximo de su capacidad para que el mundo sea como al ego le gusta que sea el mundo. La mente del yo pierde frescura, deja de sorprenderse y pasa de ser integradora a ser excluyente, deja de permitir empaparse de lo que le rodea para ponerse encima chubasqueros impermeables que le protejan de lo que es. De nuevo la lona, la veladura, la escafandra…

Así, la mente del yo deja de tomar conciencia de lo que es para convertirse en modificadora del entorno, se separa de forma irremediable de lo que es e intenta cambiarlo para que encaje con lo que quiere que sea. Ahí entran en funcionamiento los «me gusta» y «no me gusta», los «está bien» y «está mal» y todos aquellos otros juicios de valor a través de los cuales el ego percibe el mundo y se relaciona con él.

En el caso del residente, la mente del yo pasa a ser transformadora del mundo en vez de permitir ser transformada por el mundo como lo sería la de un turista e incluso la de un verdadero explorador.

El propósito del camino es caminar por él. Y en ese caminar dejamos de existir como uno para darnos cuenta de que somos el camino o, incluso mejor aún, conciencia del camino.

Cada uno tiene un propósito en su camino, y por eso cada uno lo vive a su manera. Desde el punto de vista del ego, así parece. Sin embargo, desde el punto de vista de la conciencia del no-yo no podría hablarse de diferentes perspectivas. Esto nos permite darnos cuenta de que cuando decimos que cada uno está donde está, nos estamos refiriendo a sus estados de conciencia. Esta, por razones que desconocemos, no se presenta por igual en toda la materia, o eso es lo que pudiera parecer desde nuestro estado de conciencia del yo. Quizá, desde el estado de conciencia del no-yo, esto que acabamos de decir no tenga ningún sentido.

No hay un propósito único ni común para todos. Esto, de nuevo, es lo que parece tener sentido desde el estado de conciencia del yo. Desde el no-yo, no lo sabemos.

A continuación, unas reflexiones con motivo de mi cincuenta y dos cumpleaños. Son pensamientos desde el yo de ese momento vital y, probablemente, como casi todas, sin mayor trascendencia.

## Cincuenta y dos. Alfa y omega

Hoy, la idea que tiene la mente del yo de que «yo soy yo», acaba de cumplir cincuenta y dos años. Juntando de forma creativa el 5 con el 2, se formaría, echándole bastante imaginación, la letra griega omega. En la Biblia, omega es utilizada cuando describe a Dios como el alfa y el omega (Apocalipsis 22:13). El principio y el final.

Para la mente del yo supone, o así lo percibe en este momento, el final de un ciclo. Otro final más, otro ciclo más. Tiene la sensación de que continúa reinventándose, transformándose, cambiando. Y, curiosamente, la mente del yo acepta el hecho de estar en constante transformación como algo natural e incluso positivo. Es decir, lo juzga. De manera positiva, pero lo juzga.

En la mente del yo existe el recuerdo de que hace un año escribí: «Quiero ser una manifestación pura de lo incomprensible». Era un deseo del ego, como lo son todos los deseos, acordes con el condicionamiento, con la historia, con el yo de entonces. Es decir, ego queriendo ser ego diferente. Mejor, en su opinión.

Hoy, en este instante, la mente, por el contrario, ya no quiere ser nada. No es exactamente que no quiera ser nada, es que no quiere nada, no desea nada; al menos, nada tan trascendente. Hoy simplemente es. Es lo que es. Y no sabe ni siquiera qué es ni quiere saberlo, porque el pensamiento de conocerse la limita. La mente del yo se imagina, es decir, «se equivoca al pensar», que el camino obrará a través de ella lo que tenga que obrar, si es que tiene algo que obrar. Se da cuenta de que incluso ahora se percibe como diferente al camino, como una parte de él, en vez de como el camino.

La mente del yo siente que debería dejar de aferrarse al pasado, al recuerdo y a todos los condicionamientos que tiene, para intentar fluir y ser lo que toque ser. En ocasiones, durante breves instantes, se desprende del ego que le ataba al pensamiento distorsionado de su condicionamiento y es. Es consciente de que lo que llamamos «civilización» es la materialización del pensamiento de otras mentes egoicas en mayor o en menor medida perturbadas.

Cuando ve una ciudad, está viendo el fruto materializado de la mente del yo de otros seres humanos, su pensamiento. Al entrar en un edificio, está entrando en la mente del yo de alguien. Al abrir la puerta del portal, puede sentir la conexión con el pensamiento de quien lo creó y caminar entre sus neuronas, percibir sus limitaciones tridimensionales, sus miedos innatos y adquiridos, sus convencionalismos y el peso de sus cadenas.

Por eso la mente del yo disfruta al ver obras que son realmente innovadoras, ya que dichas creaciones rompen con los estereotipos y le conectan con pensamientos menos condicionados. Pero para ver la verdadera libertad en movimiento, la mente del yo cree que habría que acudir a la naturaleza, a los bosques vírgenes, a los ríos de aguas prístinas, a las costas donde las olas chocan salvajemente contra las rocas, a las cumbres donde nadie nunca jamás ha pisado la nieve recién caída, al cielo libre de satélites y de contaminación.

Si continuamos con esta imagen, sin cambiar de plano, para ver la libertad habría que mirar allí donde no ha intervenido nunca la mano del hombre. Cualquier otro lugar es simplemente una alteración de la libertad, la materialización de una idea de la mente del yo. Y eso parece ser así porque el ego se ha apoderado de la mente del yo y ha contaminado la creatividad y la verdadera esencia de aquello que la mente del yo llama un «hombre libre».

Lo anterior no es —o no pretende ser— una crítica a la creación humana, es la simple constatación de que esta, en un porcentaje amplio, es la creación que previamente fue pensada en la mente del yo, que está llena de condicionamientos, prejuicios y valores. Y por eso las creaciones humanas, a diferencia de las creaciones sin intervención de la mente humana, arrastran esos prejuicios, condicionamientos y valores en sus formas y funciones. Tanto la mirada como aquello que ha sido creado por la mente del yo están contaminados por el ego. Por eso no hay libertad ni puede haberla. O eso parece en este momento. Aunque es posible también que esto no sea necesariamente así.

La mente del yo, movida por el deseo del ego de darse importancia, cree que su paso por esta vida está cambiando el mundo de forma irreversible. Pero incluso ella, al profundizar un poco, es capaz de darse cuenta de que sería pretencioso por su parte pensar que su existencia puede suponer ningún tipo de cambio, ya sea positivo o negativo en este mundo. Desde la mente del yo, uno percibe que es y que a cada instante deja de ser lo que era y se convierte en algo diferente y nuevo. Obviamente, es aún una mente egoica. En este momento es consciente de la existencia, aunque aún distingue artificialmente entre la existencia y la mente, y es capaz de disfrutar como nunca antes de leer un buen libro, con la luz del sol filtrándose entre las ramas de los árboles y colándose por la ventana mientras escucha música que le produce una sensación de calma. Y, quién sabe, quizá mañana esto ya no le produzca satisfacción ni paz. Pero la mente está en este momento en un estado en el que se da cuenta de que no sabe que será mañana, a la vez que intenta olvidar qué era hace un segundo. Solo sabe que ahora es e intenta conectar con la constante transformación de lo que es.

En términos metafóricos, se autopercibe como una melodía. Intenta no detenerse en cada nota ignorando las demás, porque si lo hiciera así se perdería la melodía completa. Intenta fluir.

Escucho *Nessum dorma*, de Puccini, y comprendo que cada instrumento suena cuando tiene que sonar, que cada nota va exactamente allí donde encaja, que realmente no existe tal cosa como «una nota», todo cambia y nada permanece. E intuyo que si todo tiene un principio y un final es porque no hay comprensión de la totalidad, y si hay un alfa y una omega, esto solamente puede percibirse siendo lo incomprensible, ya que solo desde la conciencia de lo incomprensible podría existir un principio y un final real. El resto son malentendidos de la conciencia que se identifica. Hoy la mente del yo se percibe como cincuenta y dos años de conciencia de existencia. Para ella finaliza un período y comienza otro. No tiene conciencia de la totalidad, pero siente gratitud por ser.

El camino continúa.

## ¿Nuestros propósitos actuales?

El anterior interludio personal nos lleva ahora a un territorio en el que vamos inevitablemente a conducir por una carretera sinuosa del conocimiento propio y de la aspiración, más o menos ilusoria, a la verdad, que forman parte de lo mismo. El encadenamiento de ideas nos acercará incluso a la idea de la salvación. Son eslabones gruesos, pero no necesariamente estables. Se pide paciencia, comenzamos.

La mente del yo, como conciencia diferenciada de lo que es, llega a las siguientes conclusiones. En primer lugar: nuestro propósito actual es conocernos a nosotros mismos. Por otra parte: nuestro propósito actual es ver la verdad.

La comprensión de uno mismo es la comprensión de la vida. Al conocerse y comprenderse uno a sí mismo, se conoce y se comprende la vida.

La vida es lo que es.

La comprensión de lo que es, es la verdad.

Solo se puede conocer la verdad desde la comprensión de uno mismo.

El conocimiento de uno mismo es un viaje largo y con altibajos, pero los altos y los bajos son lugares por los que uno pasa en su camino sin final.

La mente del yo duda de que exista una meta final. Duda de que uno llegue a un punto en el que no tenga nada más que conocer de sí mismo.

La mente del yo cree que el conocimiento de uno mismo es un viaje infinito. Cree que solo se puede comprender lo que está más allá cuando se comprende a cada instante lo que está más acá. Cree, en fin, que querer comprender el más allá, lo infinito, lo incomprensible, es querer llegar al final de un camino infinito sin haber dado el primer paso.

El camino es un viaje infinito hacia el conocimiento de uno mismo.

Uno mismo es el infinito, la verdad, y el conocimiento de uno mismo nos lleva a esa conciencia de infinito, a la verdad.

Mirar al final del camino, al infinito, es perderse en la dimensión mental del yo. Pero este no es el camino ni la puerta al infinito.

Intentar descubrir el infinito implica obviar el presente, el aquí y el ahora, implica desviarse del camino, retroceder, perderse. Ese deseo de llegar a la meta, de alcanzar el infinito o la verdad, nos aleja más de ese infinito y de esa verdad, y nos genera ansiedad, frustración, cansancio y vacío.

El camino al conocimiento de uno mismo exige el contacto permanente, consciente, serio y libre de todo juicio, con el momento presente, con lo que es, con lo que «es» en este momento. Uno solo puede transitar el infinito cuando está en contacto consciente y libre de juicio consigo mismo.

Libre de juicio: inopinado, neutral.

El conocimiento de uno mismo es un camino que también transita por el infinito, y es, por definición, un camino infinito. Sin embargo, en cuanto uno descubre algo nuevo sobre sí mismo —como ya se dijo de una u otra manera antes—, se para, lo evalúa y, si le gusta lo que ha descubierto, se detiene y se instala cómodamente ahí. De esa manera, interrumpe el camino y no se permite avanzar. La mente del yo se siente cómoda en el nuevo yo recién descubierto, se enamora de sus encantos y dedica todo su ser a seducir y exprimir su nueva relación. La mente del yo no quiere alejarse de su recién estrenado yo, se siente entendida, comprendida, amada, importante, y genera apego hacia esa sensación de bienestar, de importancia. Le da un nombre y comienza a nutrir su nueva creación.

Es la mente del yo la que no quiere caminar. Es el yo el que no quiere cambiar. Ahí se detiene el proceso de autoconocimiento, de revelación.

Y solo cuando la mente del yo vuelve a sentir la punzada del dolor, el hambre de amor, la falta de verdad, se permite abandonar lo que conoce y saltar al vacío. Ese salto al vacío es el abandono del yo, de lo conocido, es el camino del autoconocimiento, la observación neutral de lo que es, la transformación de uno mismo sin darse cuenta ni buscarla. Porque en reparar en el cambio, en la búsqueda de la transformación, ahí vive el yo. Esta última es una actividad que ocurre en el campo de la conciencia del yo, del pensamiento, de los deseos y de los anhelos, de la incomprensión.

La transformación, cuando es de verdad, no es sentida por el yo, no es percibida por uno mismo, no es valorada, buscada, deseada ni esperada y no es nunca reconocida. Es transformación como proceso, transformación sin recordar quién eras, sin preguntarte quién eres y sin desear querer ser. Es transformación pura, sin un yo que la observe, sin un yo que se dé cuenta, sin un yo.

El hecho de que exista un darse cuenta de la propia transformación es indicativo de un yo que simplemente ha cambiado de actividad, pero que en esencia sigue siendo el mismo. En fin, el cambio consciente percibido por el yo no es libertad, es fortalecimiento del «yo».

Dicho de otra forma, la mente del yo ahora mismo se da cuenta de su propio cambio, es decir, se identifica con lo que recuerda que era y con lo que piensa que es ahora, pero eso no es transformación, no es trascendencia, no es liberación. Eso es el yo aburrido de sí mismo, distrayéndose con la bonita idea de la trascendencia y del salto al infinito.

Darse cuenta de la no transformación, de la no trascendencia, le da a la mente del yo una oportunidad real de transformación y de trascendencia.

La mente del yo, en ocasiones, observa neutralmente las trampas, los atajos y los juegos que hace. Esa es la verdad, esa es la verdad del funcionamiento de la mente del yo. La observación neutral o pasiva del problema que la mente considera que tiene presente permite la comprensión de ese problema. Eso no significa que ya no haya más problemas. El camino que también transita por el infinito, a dondequiera que vaya, es un camino que va de observación en observación constante y pasiva de aquello que la mente del yo considera problemas presentes. Cuando la mente del yo observa de forma pasiva lo que considera que es un problema actual, este puede ser comprendido y transformado en un «no problema». Inmediatamente, en la mente del yo surge un problema nuevo. El encadenamiento de problemas es incesante y solo demuestra la existencia de la conciencia del camino.

Observar pasivamente cada problema que se presenta podría ser parte del camino. La mente del yo como observadora pasiva de problemas, aunque no solo de problemas. Ahora mismo eso es lo que la mente del yo quiere ser. Es posible que eso implique un reforzamiento del yo. Quizá, en algún momento, la mente del yo llegue a ser una observadora pasiva de problemas, pero ahora mismo no lo es. Al menos, en todo caso, es consciente de que tiene ese «problema», de que no es ni tan siquiera una observadora pasiva de problemas. Pero considerar eso como un problema implica juzgar, implica el funcionamiento del yo.

Quizá se pueda dar un paso adelante y llegar a ser observación pura. La mente del yo cree que esa puede ser la diferencia. Se da cuenta de que no se trata de si el observador observa pasivamente o no, sino de que no exista el observador, de que no exista identificación con el observador ni con lo observado. De que únicamente exista observación, sin observador ni observado: conciencia pura. Porque si hay un observador tiene que haber lo observado como algo diferente al observador.

Esa es la esencia del yo, la idea de la existencia de un observador desidentificado de lo observado.

Llegados hasta aquí, es importante precisar que el propósito no es llegar a ser santo ni convertirse en el Salvador ni salvar a la humanidad. Esas son ideas de la programación, de la mente del yo. Son ideales con los que la mente del yo se identifica para darse importancia.

La mente del yo constantemente se dice a sí misma que hay signos de que ella es el Salvador. Y esa idea le hace sentirse importante. De hecho, no acepta que no sea el Salvador, porque equivale a aceptar que no es importante, que no es nadie. Y no quiere ser nadie, sino ser alguien, y no alguien cualquiera, sino alguien importante. Es ambiciosa y codiciosa.

La mente del yo se da cuenta de que le da pánico asimilar que no es importante, que su única función, de tener alguna, es conocerse a sí misma, conocer cómo funciona, observar y ver, permitir.

La mente del yo tiene pánico de morirse sin haber hecho nunca nada importante.
La mente del yo considera que nada de lo que ha hecho hasta ahora es importante.
La mente del yo espera más de sí misma, quiere más resultados.
Quiere más reconocimiento, incluso admiración.

La mente del yo no está contenta ni se conforma con lo que es.

La mente del yo colabora consigo misma en su transformación.

La mente del yo quiere llegar a ser alguien importante.

La mente del yo no quiere la felicidad.

La mente del yo no se ama.

La mente del yo se utiliza para perpetuarse a sí misma.

La mente del yo está asustada de desaparecer.

La mente del yo quiere ser eterna.

Está dispuesta a hacer lo que haga falta para conseguirlo.

La mente del yo no se acepta ni acepta la verdad de lo que es.

En fin, la mente egoica se enrosca en la idea de santidad, de trascender, de espiritualidad como a un clavo ardiendo, porque ve que antes o después va a llegar a su fin, y tiene miedo de morir. Soberbia espiritual.

Cultivar una idea, un pensamiento, una virtud, una moral, una ética o una práctica es un acto del ego.

Para ir concluyendo este capítulo, cabe señalar que la idea de que haya un propósito en el camino surge del pensamiento de que se es diferente del camino, de que el camino y nosotros somos algo separado, de que somos aquello por donde transcurre el camino, que puede haber yo sin el camino y camino sin yo, que el camino y nosotros somos entidades separadas y distintas. Con esa manera lógica de pensar, tiene que haber un propósito en el camino, porque si no, el camino no tendría ningún sentido. Pero la realidad es que ese razonamiento es creado desde la conciencia del yo. Desde la conciencia del no-yo, probablemente no existiría la inquietud por encontrarle un propósito a algo que ya es y que es como es, aunque no sea comprendido.

Cualquier propósito que pudiera tener el camino de uno, de tener alguno, no tiene nada que ver con uno mismo.

Mientras sigamos pensando que el camino tiene algo que ver con nosotros, no estaremos entendiendo el verdadero significado del camino.

El propósito del camino, de ser alguno, sería ser capaces de celebrarlo. «Allí» es un propósito. El camino que lleva «allí» carece de propósito. El camino es sin propósito o no es el camino.

Este es un viaje sin propósito y, sin embargo, no dejan de suceder cosas mágicas.

# 5. Prisión y libertad

Libertad, hermosa palabra que probablemente
casi nadie comprende realmente.

Parece ser que el concepto de libertad es diferente según a quien le preguntemos, aunque haya algunas coincidencias más o menos comunes. Pero la verdadera libertad a la que uno puede aspirar desde este estado de conciencia podría ser la libertad del yo. O quizá tampoco. En estos libros —hacemos pequeña precisión previa— se procura evitar la tentación de describir la realidad —la que es, la que vemos, la que creemos ver o aquella a la que aspiramos, que esa es otra historia— en pares dialécticos, bajo la convicción de que las cosas son más complejas que delimitar todo en bien-mal, bonito-feo o, ¡ay!, verdadero y falso, pero no obstante, no es evitable aquí, al hablar de libertad, sacar del cajón también la idea de prisión, de su ausencia. Comenzamos.

Libertad es la libertad del yo. ¿Seguro?

# Flotar en el vacío

Desde este estado de conciencia, la libertad puede ser entendida como un objeto que flota libremente en el espacio. Cuando uno tiene la voluntad de acercarse a algún sitio, persona o idea, está perdiendo su libertad, ya que entran en juego los deseos. Cuando uno toca algo o a alguien, deja de ser libre, pues ese algo o alguien supone una barrera, un obstáculo o un impulso para su propio movimiento. Cuando uno piensa en acercarse a algo o a alguien también, deja de ser libre. El pensamiento de desear acercarse a algo o a alguien nos hace perder la libertad. Por eso la libertad solo se da cuando existes en el vacío. No se trata de saltar al vacío, sino de flotar en el vacío. Teniendo en cuenta que apegarse a la idea de flotar o a la idea de vacío significa no ser libre.

Ser libre implica flotar en el vacío sin desear flotar en el vacío, ya que el mismo deseo de querer flotar en el vacío implica que ya no lo estamos haciendo. Podemos tener conciencia de que estamos flotando en el vacío, pero si deseamos seguir en ese estado, de inmediato dejaremos de flotar en el vacío.

Flotar en el vacío puede ser un acto consciente, pero nunca deseado. La libertad implica la experiencia profunda y consciente de estar flotando en el vacío.

La libertad es estar flotando en el vacío, pero la observación de la flotación, si conlleva juicio o identificación, le saca a uno de ese estado.

Libertad implica la flotación inconsciente para el ego, pero consciente desde el no-yo. Aún hay un paso más, que es la desidentificación entre el objeto que flota y el vacío. Y todavía cabe pensar que hay incluso un nivel en el que solo hay no-existencia, sin objeto ni vacío, pero no una no-existencia como la que se entiende desde el yo, que sería la inexistencia, sino una no-existencia que nunca podrá ser comprendida desde el estado de conciencia del yo.

Fuera como fuere, uno cree que no hay libertad si no hay libertad en conjunto; que la verdadera libertad, siendo individual, no es libertad si no nos afecta a todos por igual. La mente del yo cree que uno no es verdaderamente libre si no lo somos todos. El camino es individual y solitario, ya lo hemos visto, pero todos formamos parte del camino, lo que quiera que eso signifique.

*Non soli sumus.*

## Atracción

En el universo existen fuerzas que funcionan como imanes atrayéndonos hacia ellas. Fuerzas que nos atan al ego, que forman nuestra prisión. La única forma de no ser atraído por esas fuerzas es desmagnetizarse, desprenderse de todo aquello que responde a las fuerzas de atracción del universo, volverse inmaterial, no-mental y quizá no-espiritual: trascender el ego.

Estamos hechos de aquello que nos atrae. Somos lo que nos atrae.

La mente del yo puede usar la voluntad para luchar contra lo que le atrae, pero seguirá siendo lo que le atrae, porque la voluntad, ya lo dijimos, es la fuerza del ego para satisfacer los deseos del ego.

Uno es la atracción.

¿Es posible desprenderse de aquello que nos hace ser atraídos por las fuerzas de atracción? ¿Es posible conservar la conciencia de uno mismo y dejar de ser la atracción? ¿Es la conciencia la que provoca la atracción?

¿Podemos conservar la conciencia y dejar de ser atracción? ¿Tenemos que desprendernos de la conciencia para flotar en el vacío? ¿Es la conciencia la causa principal de atracción?

La materia y el pensamiento son causas de atracción.

La conciencia, la esencia, es también causa de atracción.

Para ser libre, ¿habría que no tener conciencia, no tener esencia?

¿Son la conciencia y la esencia atracción?

¿Es la no-existencia la única forma de no ser atraído?

Ser atracción implica ser.

¿Es posible ser sin ser atracción?

Son preguntas que no sabemos responder desde la conciencia del yo y que quizá no tengan ningún sentido desde la conciencia del no-yo.

No entendiendo.

## No entendiendo

San Juan de la Cruz, y muchos otros antes que él, maestros zen, maestros budistas y otros, ya utilizaban el término «no entendiendo» para describir el camino del zen o el camino hacia lo incomprensible. Ahí está el «No esto, no aquello» (el viejo concepto sánscrito *neti, neti*). Pero también el «Oh, ignorantes: ¡la senda no es ni esta ni aquella!» del ilustre poeta —y matemático y astrónomo— Omar Khayyam, ambas aproximaciones involuntarias también, si se nos permite, a lo apofántico.

No entendiendo implica «sin actividad del yo». No entendiendo implica haberse liberado de la mente del yo, permanecer libre del ego. Cuando uno respira, es respiración, y entenderlo no cambia el hecho. Entender lo que la mente del yo quiere decir solo nos va a llevar a ser lo que somos ahora, y eso no es libertad. No entendiendo es sinónimo de libertad.

Para trascender el ego habría que hacer algo distinto, quizá habría que dejar de entender.

¿Trascendemos cuando dejamos de entender? Quizá tampoco.

No entendiendo, no pensando, trascendiendo.


## Sin palabras

Vivir sin ponerle palabras a lo que se vive.
Porque no es la esencia la que quiere ser alguien.
Es el ego el que quiere ser alguien.

Por eso se esfuerza en convertirse en eso que desea, en eso con lo que fantasea, ya sea ser mejor, más santo, más divino, más sabio…

Querer ser alguien es la prisión del ego que nos aprisiona.

La función principal de la mente del yo es «querer ser».

«Querer ser» nos aporta seguridad.

## El intelecto debe cesar para que nazca el amor

La búsqueda de virtud es una actividad más del yo.

El entendimiento es otra actividad del ego.

No entendiendo.

El ego quiere entender para sobrevivir.

Cuanto más entiende, más fuerte se hace el ego.

Dejar ir, no entender, ser.

Sustituir los «tener» por «ser» es un primer avance para el ego, aunque toda identificación proceda del ego.

Tengo dos hijas → paternidad.
Tengo una casa → propiedad.
Tengo un trabajo → actividad.
Tengo una hipoteca → deuda.

Y así sucesivamente. Podemos perder lo que tenemos, y eso genera miedo e inseguridad.

Lo que tenemos nos aprisiona.

Lo que somos podemos dejar de serlo y transformarnos en algo diferente: el camino aparentemente da y quita, al menos en este tramo que estamos recorriendo.

Uno se envuelve de falsos conocimientos, de supuesta erudición, de posesiones, de pretendida bondad para sentirse seguro. Con cada capa con la que nos envolvemos, nos alejamos de la realidad y nos enterramos más profundamente en la prisión del ego.

El camino es el que es. Cuantas más capas llevemos puestas, más complicado nos va a resultar caminar. La escafandra.

## La mirada nos hará libres

Como ya dijimos, encontraremos la paz y la libertad a través de nuestra mirada limpia, pura y libre de juicios. Podría también ser de otra manera.

La propia mirada nos liberará. O no.

La mirada es la salvación del ego o la condena del ego. O no.

Cómo miramos a los demás los salva y nos salva, o los condena y nos condena.

Nuestra mirada cambia el mundo. O no.

No se necesitan palabras; basta con la mirada.

Cuando miramos con amor, somos la mirada, somos amor. Cuando miramos con odio, somos la mirada, somos odio.

Mirar sin juzgar para estar libre de juicio.

Mirar sin pensar para estar libre de pensamiento.

Mirar sin juzgar para no ser juzgado.

Miremos y veremos la verdad. O tampoco.

Para ver la verdad, ayuda mirar sin prejuicios y sin juicios. Ayuda mirar sin buscar, sin pensar, sin desear.

El que busca no ve, o al menos se pierde muchas cosas.

A continuación, algunas realizaciones sobre el ego y la libertad.

El yo es la cadena que nos ata al pasado, es la prisión imaginaria que nos encierra.

El ego es la prisión de la mente. Estamos tan acostumbrados a vivir entre sus barrotes que la sola idea de ser libres nos da pánico.

Pensar en la libertad es como si un pájaro intentara volar sin alas, un esfuerzo inútil. La libertad es o no es, pero no puede ser pensada. Como el camino.

El ego nos asfixia.

¿Prisión?, ¿qué prisión? La prisión del ego es una prisión imaginaria.

Absorbidos por el ego.

Somos como marionetas en manos del ego.

Nos sentimos atrapados en la mente del yo.

## Creación y libertad

En capítulos anteriores, vimos la relación entre el yo y la creación. Ahora intentaremos profundizar en esa relación, además de incorporar la noción de libertad.

La mente del yo cree que para crear hay que olvidar o no será verdadera creación. La memoria impide la verdadera creación. Para permitir la verdadera creación hay que olvidar todo lo que se conoce.

Así pues, la memoria es la cárcel de la creación. Y el yo es la cristalización de la memoria, pues el yo se identifica con las experiencias que ha vivido y con los recuerdos que tiene de esas experiencias.

El yo se dice a sí mismo: «Soy las experiencias que he vivido». Sin embargo, somos infinitamente más que las experiencias que hemos vivido y la memoria que tengamos de ellas. De hecho, nunca hemos sido las experiencias que hemos vivido. Hemos sido conciencia de esas experiencias.

No somos las experiencias que vivimos ni su interpretación ni el recuerdo que guardamos de ellas. Somos conciencia de esas experiencias.

Somos conciencia de creación.

Somos conciencia de algo nuevo a cada instante.

Eso significa transformarse y fluir. Significa que el yo muere, porque el yo es solo identificación con el recuerdo de la interpretación que en un momento hicimos de ciertas experiencias pasadas. En apariencia, eso significa desprenderse del yo: olvidar todo lo vivido y centrarse en el momento presente y ser conciencia de la experiencia que está ocurriendo en el ahora sin pasar por el filtro del recuerdo de las experiencias anteriores.

La única manera de trascender el yo es vivir sin recordar, vaciarse de pasado y vivir sin pensar. Y eso, para que sea real, genuino y espontáneo, nunca puede lograrse a base de fuerza de voluntad ni de seguir ninguna práctica ni ningún método ni consumir ninguna sustancia. No nos cansamos de repetirlo.

El camino es el que es. Pensar sobre cómo debería ser no nos va a ayudar.

## Saltar al vacío

Si damos un paso adelante respecto de los pensamientos anteriores, podemos afirmar que el salto al vacío consiste en vivir sin la protección y la seguridad que nos da saber quiénes somos, es decir, vivir sin el yo, sin la identificación con el recuerdo que guardamos de las experiencias vividas.

Saltar al vacío supone comenzar cada día desde cero y experimentar cada suceso como algo nuevo. Supone olvidar el pasado, no pensar en el futuro y no pensar el presente.

Cuando saltas al vacío, solo quedan activadas la intuición y la capacidad de observar sin juzgar. Ese salto supone un estado de verdadera creación, de libertad y de conexión con la verdad. De conciencia del no-yo.

La libertad, la verdad y la creación son consecuencias de vivir sin el yo.

El salto al vacío implica responder desde la intuición, y no desde el recuerdo.
El salto al vacío implica actuar sin miedo.
El salto al vacío implica ser espontáneo.
El salto al vacío implica olvidar cualquier pensamiento.
El salto al vacío implica vivir sin conocer.
El salto al vacío implica reírse y ser feliz.
El salto al vacío implica dejar ir todo intento de control.
El salto al vacío implica dejar ir todo recuerdo.
El salto al vacío implica dejar ir todo deseo.
El salto al vacío implica dejar ir todo conocimiento.
El salto al vacío implica detener toda actividad mental.
El salto al vacío implica dejar de ser desde el yo.
El salto al vacío implica no pensar.
El salto al vacío implica aceptar el no-yo, no entendiendo.

Aceptar que no somos.
No buscar comprender, no buscar entender, no buscar ser.
Permitir que la vida fluya.
No esforzarse en ser ni en permanecer.
No buscar la permanencia ni el cambio.
No buscar el camino, tampoco trascender.
No buscar.
Conectar con lo que es.
Permitir que lo que es se transforme.

No ofrecer resistencia.

Diluirse en lo que es.

No entendiendo.

El camino es el que es. Buscarlo no es el camino.

Intentar entenderlo no es el camino.


## ¿Saltando?

¿Por qué la mente del yo considera un insulto como tal? ¿Por qué considera un halago como un halago?

El ego quiere ser aquello que quiere ser, quiere ser admirado, respetado, deseado, buscado, amado.

El ego no quiere ser juzgado, odiado, olvidado, rechazado.

Es evidente que el ego está condicionado por lo que otros egos le han dicho o por cómo le han tratado. Los egos se van retroalimentando los unos a los otros.

El daño ya está hecho. Pero ¿hay alguna forma de desconectar la mente del yo del ego? ¿Es posible desde la conciencia del yo desconectar esa conciencia del yo?

¿La comprensión profunda, sin juzgar, de la conciencia del yo puede llegar a suponer eventualmente la desconexión de la mente de la conciencia del yo?

¿Puede sobrevivir la humanidad si la mente del yo se desconecta de la conciencia del yo? ¿Puede uno seguir cuidando de sus hijas, ejerciendo su trabajo, si la mente del yo se desconecta de la conciencia del yo?

Esos miedos son los que le mantienen a uno atado a la conciencia del yo. El miedo es inherente a ella.

Entonces, es el yo el que tiene miedo, en este caso de que la mente del yo desconecte de sí mismo. El yo tiene miedo a morir al yo. Y no encuentra en ninguna parte el valor para hacerlo.

La idea de Dios le anima a coquetear con la idea de desconectar, de desaparecer; pero esa idea todavía no es suficientemente fiable. Hay dudas, falta de fe, desconfianza, miedo, preocupación.

El yo no se atreve a dar ese salto al infinito. Uno comprende el «para qué» de dar el salto.

Los beneficios son incontables y superan con creces las supuestas pérdidas, pero ¿cómo dar el salto? ¿Desde dónde darlo? ¿En qué consiste exactamente?

Si no hay un «quién», tampoco puede existir el que salta. ¿Qué hacer entonces? ¿Qué no hacer?

J. Krishnamurti dice que la respuesta es el amor, pero el amor es incomprensible desde la conciencia del yo. Por eso se antoja casi imposible dar un salto desde lo conocido, por muy malo que sea, a lo desconocido, por muy bueno que parezca ser. Ese salto requiere mucho más que solo valentía, fe o determinación. Dar el salto desde el yo solo es posible cuando uno sabe que real e indudablemente hay algo bueno más allá de lo conocido.

Pero como el yo es lo conocido, la limitación, la certidumbre y la seguridad, es imposible dar ese salto desde ahí. El salto al no-yo nunca puede darse desde el yo.

Tampoco ayuda creer que alguien va a darnos lo necesario para dar el salto. No ayuda creer que algo superior o divino va a darnos el empujoncito que necesitamos para saltar.

Entonces, ¿cómo puedo dar el salto si ni puedo ni quiero ni sé, ni nadie ni nada me va a ayudar y quizá ni tan siquiera existo?

Pero ¿y si quizá, solo quizá, no haya que dar ningún salto? ¿Y si quizá, solo quizá, la idea de conciencia del yo, de conciencia del no-yo, la idea de saltar desde la una a la otra, sean únicamente ideas de la mente del yo, mentiras generadas en ella para encontrar sentido en una realidad que carece de él, un mecanismo de supervivencia?

La respuesta, de nuevo y probablemente siempre, es el amor, amor en acción o acción de amor, o acción y amor como sinónimos. No la idea de amor, el pensamiento de amor, el recuerdo de amor, el objeto de nuestro amor, la persona amada; sino el amor en acción, sin actores, sin identificarse, sin pensarlo, sin recordar, sin ningún interés personal, la acción de amor, actos de amor.

Amor en acción sin nadie que se atribuya su autoría, sin una mente del yo deseosa de ser reconocida, necesitada de ser admirada, de ser aprobada, de ser agradecida.

Amor en acción.

No es un salto, es una realización.

No es un salto, es un darse cuenta.

No es un salto, es silencio, acción.

«Salta y aparecerá la red», dicen. ¿Pero quién es el que salta? Mientras haya un yo que salte, cualquier salto va a terminar siempre con una caída de bruces en otro yo, seguramente diferente, pero otro yo.

Querer saltar al vacío desde el yo es, usando una imagen que ya hemos empleado, como tirar del chicle pegado a la muela. Es una fuente de ansiedad.

El camino es el que es y se despliega como y cuando se despliega.

Respirar. Pedir ayuda. No estamos solos.

## La esfera o la libertad

En anteriores capítulos, hicimos referencia a la esfera del yo, y volvemos a hacerlo ahora, como en páginas precedentes, vinculándola a la libertad. O a su ausencia. Loeb afirmó:

> El problema es que, si me alejo de la Tierra, al centro de la galaxia de la Vía Láctea o al cúmulo de Coma [a 321 millones de años luz de la Tierra] o a algún otro lugar a una gran distancia, entonces la superficie bidimensional alrededor de ese punto sería una esfera diferente [...] La esfera siempre está centrada alrededor del observador.

Mientras exista la idea de una esfera del yo, existirá la prisión del yo, porque la esfera es la cárcel, es la circunscripción de la esencia a las limitaciones del yo. La mente del yo se halla atrapada en la esfera del yo.

En ese sentido, cabe preguntarse: ¿es la esfera la cristalización de la conciencia individual? ¿La materialización de la conciencia transyoica es también esférica? ¿Qué relación hay entre observador y esfera? ¿Es la cara interna de la esfera la observación de los límites de la propia conciencia del yo?

No entendiendo.

## Libertad o conflicto

Para resolver el conflicto, en ocasiones, basta con observarlo sin juzgarlo. Entonces se está en armonía con lo que es y el conflicto puede llegar a desaparecer, y existe la posibilidad de alcanzar la libertad de lo que es.

El conflicto surge cuando uno está en conflicto con lo que es y, en lugar de observar, intenta modificarlo. En ese intento de solucionar el conflicto, uno va penetrando más profundamente en la cárcel del yo.

Cuando la mente del yo está tensa, conviene recordar que es ella misma la que está dándose demasiada caña. Probablemente, no tiene nada que ver con lo que es. Es el yo el que está sintiéndose así.

En ese sentido, la idea que nos han contado de lo incomprensible supone un conflicto para la mente del yo. Es probable que a toda mente del yo le ocurra algo parecido, aunque se consideren creyentes. Porque la verdad es que no existe lo incomprensible tal como la mente del yo lo imagina. Si existe lo incomprensible es algo que nunca podremos entender. Podemos saborear ciertas experiencias y tildarlas de místicas, pero, de existir, lo incomprensible está en un plano no entendible, aunque pueda estar en todas partes.

Sin embargo, el yo se niega a creer que nunca podrá conocer lo incomprensible. Creemos en él porque nos da la seguridad que necesitamos. Aceptar que nunca conoceremos lo que lo incomprensible significa genera ansiedad e inseguridad a la mente del yo. Así funciona el yo.

El camino se realiza no entendiendo.

## Darse cuenta y la libertad

En apariencia, la liberación puede conseguirse a través de la atención profunda a cada instante, del darse cuenta de cómo funciona el pensamiento.

Cuando intentamos controlar el yo a base de disciplina estamos, como ya hemos visto, ejerciendo violencia y control sobre la propia mente del yo. Liberarse del ego no significa controlarlo, sino ser conscientes del ego, observarlo y amarse.

Conviene no estar en guerra con el ego, porque si lo estamos estaremos en guerra contra nosotros mismos, ya que actualmente nos identificamos con el yo. Podemos probar a observar al ego sin juzgarlo y amarnos como creemos que somos.

El esfuerzo que hacemos en liberarnos del ego solo consigue reforzarlo. Cualquier esfuerzo, en el sentido que sea, solo lo hace más fuerte. La libertad llega cuando dejamos de pelear con el ego y solo hay aceptación, observación y amor. No nos cansamos de repetirlo.

La mente del yo se da cuenta de que el origen de la falta de paz, del malestar, de la inquietud, es la falta de aceptación del ego.

La mente del yo ha convertido al ego en el enemigo, ha intentado someterlo, controlarlo, eliminarlo. La mente del yo ha odiado al ego, le ha culpado de la infelicidad, de los fracasos, de las miserias. En ningún momento ha intentado comprenderlo ni se ha puesto en su lugar. Ha hablado mal de él, ha escrito mal sobre él. No ha sido compasiva con él en ningún momento. Ha querido arrancarlo de sí misma, sacarlo fuera, anularlo, destruirlo. Y en esa guerra contra el ego, la mente del yo se ha convertido en la propia guerra.

En esa violencia contra el ego, la mente del yo se ha convertido en violencia. La mente del yo ha intentado imponerse, aplastarlo, reducirlo a la nada. Y no se ha dado cuenta, hasta ahora, de que al ejercer toda esa violencia contra el ego, ha perdido la paz y se ha convertido en la misma violencia.

Ha sido una batalla feroz de la mente del yo contra el ego en la que la única que ha salido perdiendo ha sido la paz, mientras que el ego ha salido más reforzado, más enfadado y más desconectado del mundo. La mente del yo acaba de darse cuenta de que cuando odiaba al ego se estaba odiando a sí misma, odiaba la verdad de lo que era en ese momento. No reparaba en que al no admitir quién era ella en realidad, no admitía la realidad y, por tanto, vivía en la mentira.

Que amar lo que es implica amarse a uno mismo también tal y como es, amarse con el ego incondicionalmente.

Amar lo que es significa, entre otras cosas, permitirse ser como se es aquí y ahora, aceptar lo que le disgusta a la mente del yo de uno mismo, intentar no juzgarse y amarse con el ego y con todo lo que es.

Recordemos: lo que niegas te somete, lo que aceptas te transforma, según afirmaba Jung.

Aceptamos que, en este nivel de conciencia, existe el ego y que el ego es como es.

Vemos la belleza de perdonarnos a nosotros mismos por habernos dado tanta caña, porque no pudimos hacerlo de forma diferente.

Entonces, la mente del yo se da cuenta de cómo se ha maltratado y se perdona porque entiende que no podía haberlo hecho de otra forma, no podía haberse comportado de manera diferente a como lo hizo.

La mente del yo se da cuenta de que puede ser dura, pero que también es compasiva, que también es amor, porque cuando observamos sin juzgar y sin sentirnos identificados, nos damos cuenta de que todo es como tiene que ser. Todo está como tiene que estar, incluso la conciencia de uno mismo.

La observación que más nos cuesta es la observación profunda y consciente de nosotros mismos, porque tendemos a jugarnos e identificarnos.

Cuando nos juzgamos, nos separamos de quienes realmente somos, y ese acto de separación nos causa dolor y sufrimiento.

Cuando juzgamos a los demás, nos separamos de ellos, y eso nos causa dolor y sufrimiento. Lo repetiremos mil y una veces porque parece necesario hacerlo.

Ese darse cuenta sin juzgar ni sentirse identificado, ese observar sin entender es el «no entendiendo» de san Juan de la Cruz, el «sin palabras» que le fue revelado a esta mente inconsciente en un sueño.

Respecto de lo primero, del poema de Juan de la Cruz, espero que el lector permita un paréntesis que no es de descanso —o sí—, sino más bien de abrir una ventana y reproducir el poema entero ahora, ya en el crepúsculo del tercer libro y más que mediado el relato, que sirva de introducción, pero también de coda, antes de seguir con lo nuestro, que mucho tiene que ver con lo uno que el místico poeta explicó. Será, casi con toda seguridad, la cita textual más extensa de todos estos libros que componen *Fidedignum*.

Entreme donde no supe,
y quedeme no sabiendo,
toda ciencia trascendiendo.
1. Yo no supe dónde entraba,
pero cuando allí me vi,
sin saber dónde me estaba,
grandes cosas entendí.
no diré lo que sentí,
que me quedé no sabiendo,
toda ciencia trascendiendo.
2. De paz y de piedad
era la ciencia perfecta,
en profunda soledad,
entendida vía recta;
era cosa tan secreta,
que me quedé balbuciendo,
toda ciencia trascendiendo.
3. Estaba tan embebido,
tan absorto y ajenado,[1]
que se quedó mi sentido
de todo sentir privado;
y el espíritu, dotado
de un entender no entendiendo,
toda ciencia transcendiendo.
4. El que allí llega de vero,

---

1 *Ajenado* = enajenado. Se deja el original sin actualizar para no alterar la versificación. Lo mismo para *aqueste* = este. En otros casos, donde se mantiene el número de sílabas por verso inalterado, sí se actualiza (*sciencia* = ciencia, *cresce* = crece, *paresce* = parece...).

de sí mismo desfallece;
cuanto sabía primero
mucho bajo le parece;
y su ciencia tanto crece,
que se queda no sabiendo,
toda ciencia trascendiendo.
5. Cuanto más alto se sube,
tanto menos se entendía
qué es la tenebrosa nube
que a la noche esclarecía;
por eso quien la sabía
queda siempre no sabiendo,
toda ciencia trascendiendo.
6. Este saber no sabiendo
es de tan alto poder,
que los sabios arguyendo
jamás lo pueden vencer;
que no llega su saber
a no entender entendiendo,
toda ciencia trascendiendo.
7. Y es de tan alta excelencia
aqueste sumo saber,
que no hay facultad ni ciencia
que le puedan emprender;
quien le supiere vencer
con un no saber sabiendo,
irá siempre trascendiendo.
8. Y si lo queréis oír,
consiste esta suma ciencia
en un subido sentir

de la divinal esencia;
es obra de su clemencia
hacer quedar no entendiendo,
toda ciencia trascendiendo.

Coplas «hechas sobre un éxtasis de harta contemplación», decía sobre estos versos el propio autor. Sigamos.

En ese estado de simple contemplación al que se aludía arriba, antes de Juan de la Cruz, somos libres, somos libertad con mayúsculas.

El yo, los recuerdos, la sociedad, la cultura, el pensamiento se interponen entre uno y la libertad. No tiene por qué ser percibido como algo malo tampoco.

Observar sin entender.

Observar sin querer entender.

Observar no entendiendo.

Observar sin voluntad.

La mirada libre de voluntad es mirada.

La libertad se alcanza al mirarse uno a sí mismo con atención sin querer entenderse.

El salto al vacío del que venimos hablando consiste en vaciar la mente de recuerdos, de condicionamientos, de conocimientos, de miedos y de todo aquello que conforma el yo. Pero no necesariamente haciéndolo de forma activa. Consiste en abandonarse a la simple contemplación de lo que es. Pero sin forzarlo. Consiste en saltar desde el yo hacia el no-yo. Pero sin querer saltar.

La virtud es como el horizonte, ambos se alejan, ya lo vimos, con la misma velocidad con la que corremos para alcanzarlos.

La mente ya no desea ser buena ni ser santa, desea darse cuenta de lo que es y conectar con ello.

Darse cuenta, gratitud, amabilidad y aceptación.

«Soy transmisión de paz». O eso escuchó esta mente inconsciente en un sueño. Era un 11 de enero de 2021. Sin comentarios. Es difícil comprender lo que el inconsciente nos dice.

Vamos viendo cómo hay una serie de conceptos que cada vez van resultando más visibles en el camino: la libertad y el amor. Ahora mismo no sabemos muy bien qué significan, si es que significan algo, y seguramente, desde la mente del yo nunca lo sabremos. Pero ahí están. ¿Los observamos?

El camino es el que es. No estamos solos. No entendiendo.

## El infierno es la creación del pensamiento

Creemos que los pensamientos son las paredes de la cárcel imaginaria del ego, pero no somos necesaria y únicamente los pensamientos. No se trata en este momento de cambiar unos pensamientos por otros, sino de no identificarse con ellos, o al menos de darse cuenta de que uno se identifica con ellos. Los pensamientos son producto de la mente del yo, pero no nos representan necesariamente, representan a la mente del yo.

Podemos observar los pensamientos y darnos cuenta de cómo nos hacen sentir. Podemos observar los pensamientos como si no nos pertenecieran. La identificación con cualquier tipo de pensamiento demuestra la inseguridad del ego. Cuanto más nos sentimos identificados con una idea —patria, bandera, partido, religión, profesión, pareja—, más inseguro parece ser el ego.

El infierno podría ser un pensamiento.

El infierno podría ser una construcción de la mente del yo.

Cuando la mente del yo se enfada, está construyendo un infierno, está levantando los muros de una cárcel infernal. Cuando el ego maltrata a alguien, le está demostrando a la mente del yo que existe el maltrato. A partir de ese momento, la mente del yo se convierte en maltrato. Cuando el ego odia, le está demostrando a la mente del yo que existe el odio. A partir de ese momento, la mente del yo recrea el odio y genera mundos de odio.

Por el contrario, cuando uno es amable le está demostrando a la mente del yo que existe la amabilidad. A partir de ese momento, la mente del yo recrea la amabilidad.

Los pensamientos alimentan la mente del yo y la mente del yo crea aquello con lo que se alimenta.

Cada pensamiento negativo, cada crítica, cada insulto, cada golpe, cada falta de respeto, cada maltrato, cada miedo, cada angustia, cada indiferencia crea una celda más en nuestro infierno particular.

Y el infierno, desde este estado de conciencia, es la construcción piedra a piedra, cadena a cadena, celda a celda de cada pensamiento negativo que tenemos y de cada condicionamiento que adquirimos.

La mente del yo genera un infierno imaginario a base de miedos, rencor, odio, ingratitud, tristeza, ira, pereza. Pero es posible que no sea necesario tener que escapar del infierno, quizá, simplemente, podamos deshacerlo con las mismas herramientas que la mente del yo ha empleado para construirlo: los pensamientos.

El pensamiento, aparentemente, impide saborear la vida en su plenitud.

El camino es el que es, pensemos en él o no. Darse cuenta del camino no es lo mismo que pensar en el camino.

## El jardín

A la mente, en este momento, no le afecta el daño que otras mentes egoicas y dañadas quieren infligir. Antes sí le afectaba y en un rato seguramente también lo harán. La mente, en este momento, mantiene la paz interior, a pesar del maltrato. Antes no y seguramente después tampoco.

En este momento, cuando una mente del yo intenta maltratar, la mente observa cómo esa mente del yo se ha alejado de la paz interior. En este momento, cuando la mente observa cómo una mente del yo intenta maltratar, siente compasión por ella y por sí misma. En este momento, la mente del yo está en paz también cuando es maltratada por las mentes egoicas y cuando recuerda cómo fue maltratada.

Porque al maltratar la mente del yo se convierte en el maltrato. Pero al vivir el maltrato con compasión hacia la mente egoica maltratadora y hacia uno mismo, uno se convierte en compasión.

Somos compasión y amor. O quizá conciencia de amor y de compasión.

El maltrato de la mente del yo hacia esta y otras mentes nos ha dañado temporalmente, pero en este momento hemos sanado algunas heridas y hemos recuperado parte de la salud y de la paz interior. Al sanar parcialmente, hemos vuelto a nuestro estado natural de compasión hacia la mente egoica maltratadora y hacia uno mismo.

No somos responsables, ni nunca lo hemos sido, de recibir maltrato, pero sí tenemos la capacidad de volver a un estado natural de compasión hacia el maltratador y hacia uno mismo y hacia un estado de paz interior. Podemos ser conciencia de ese amor y de esa compasión.

La mente infantil encontró en el jardín el refugio y la paz que había perdido. Los árboles, los rosales, la hierba, los pájaros, los caracoles e incluso las lombrices, el cielo y las nubes le dieron la compañía y la seguridad que necesitaba. La mente infantil se evadía dando vueltas en bici por el jardín, trepando árboles, construyendo cosas con lo que encontraba por el suelo. Imaginaba que recorría el mundo en bici con una pequeña mochila naranja. Cuanto más lejos estaba el país al que quería viajar, más vueltas tenía que dar en bici alrededor de aquel jardín maravilloso.

China era el destino más lejano y el más deseado. Para llegar a China tenía que dar al menos veinte vueltas al jardín. China estaba lejísimos. La idea de llegar a China le hacía muy feliz a la mente infantil. Cuando por fin llegó a China, aquello fue tal y como la mente infantil se esperaba, y eso que nunca jamás salió de aquel jardín. China era la idea de libertad, un sueño lejano.

Recorremos el camino que es, pero lo percibimos en función del estado de conciencia actual de la mente.

## Liberarse del sufrimiento

En este momento, la mente del yo comprende que su maltrato a otras mentes surge de su propio sufrimiento. La mente del yo conecta con el sufrimiento de otras mentes egoicas y con su propio sufrimiento y siente compasión por todos. Y observa que otras mentes no comprendían entonces y que siguen sin comprender.

Cuando era un niño pequeño, no sufría crisis asmáticas, sufría crisis de ansiedad y ataques de pánico. ¿Cuáles son las fuerzas que nos mueven hoy? ¿El mantenimiento de la salud, aspirar a la paz interior, el deseo, el ego, el amor, liberarnos del sufrimiento?

¿Cómo tira de nosotros cada una de esas fuerzas? ¿Cómo nos sentimos cuando somos arrastrados por cada una de esas fuerzas?

## Origen, mantenimiento y cambio

La mente del yo se da cuenta de que el pesar que a veces siente, el sufrimiento, tiene su origen en la llamada «familia de origen». Pero también se da cuenta de que el sufrir ya no tiene nada que ver con aquellas mentes egoicas, sino con las expectativas de la propia mente del yo, con el hecho de que la realidad no coincide con lo que ella cree que debería ser. (Hablaremos más profundamente del sufrimiento en un próximo capítulo).

La mente del yo ve en este momento que puede cambiar, ser el cambio que conduce a la libertad del ego, ser la propia libertad. O eso cree. Ve que cuando se siente mal es porque piensa mal.

Ve la importancia de amar lo cotidiano.

Ve que el miedo y la ansiedad le impiden darse cuenta de que la vida ya es perfecta, de que el presente es perfecto.

Ve que la ansiedad y el miedo solo existen en la propia mente del yo. Son los gruesos muros de la prisión del ego atemorizado.

Ve que la sabiduría, como ya vimos, es la capacidad de saborear lo cotidiano; que la sabiduría consiste en darse cuenta de lo que es y amarlo tal y como es.

Ahora, no ansía ser paz ni ser libertad. Y es consciente de que cuando se observa con amor y sin juzgarse, siente paz y libertad, de que conectar con uno mismo significa darse cuenta y de que darse cuenta significa despertar a la verdad.

Y ver la libertad es sinónimo de ser libre, de ser libertad.

El camino tiene altos y bajos. No estamos solos.

## Paz y libertad

Ya hemos visto que cualquier acto de voluntad es un acto de hostilidad contra uno mismo. Sin embargo, en la mera observación de uno mismo y de lo que es, no hay hostilidad.

Ese mirar sin juzgarse a uno mismo y a lo que es, quizá pueda devolvernos a un estado de paz con el universo, a la armonía con el cosmos, a la libertad. Pero qué fácil y qué difícil resulta observar sin juzgar, mirar sin pensar, vivir sin entender.

Recordemos que perseguir los sueños, ansiar la paz interior y desear la felicidad es como perseguir el horizonte. Solo cuando uno es capaz de permanecer quieto, sin pensar, en plena observación, sin juicios ni expectativas, cuando es libre, solo entonces la felicidad le alcanza a uno, los sueños se cumplen y uno es paz.

Despertar, aparentemente, consiste en despertar a la paz que es, darse cuenta de que uno ya es paz y libertad. O conciencia de paz y de libertad.

La pérdida de paz parece ser autogenerada, la pérdida de libertad, también. Al detenernos, observarnos, respirar, pedir ayuda, comprender que no estábamos solos y darnos cuenta, es posible que lleguemos a amar lo que es tal y como es, en total libertad.

La paz surge de repente, cuando uno se da cuenta, de forma espontánea, de que no puede forzarla, de que no puede entrenarla, de que no puede hacer nada para conseguirla, repara en que cualquier esfuerzo en cualquier sentido lo aleja más y más de la paz. Se da cuenta de que es paz y de que para serlo deja que ocurra lo que tenga que ocurrir y lo observa. En esa observación sin comprensión uno es paz, hay paz. O conciencia de paz.

Se aceptan los sentimientos de falta de paz, observamos cómo nos hacen sentir, respirar, no entendiendo, no juzgando, no haciendo atribuciones, observando sin actuar, no interviniendo, observando las emociones sin emoción o como vengan, desde la libertad del no-yo.

Ser libertad, ser paz tiene en uno como consecuencia los siguientes sentimientos:

Uno se siente a gusto en sí mismo, se siente cómodo en esta piel.

Uno se siente seguro y amado en sí mismo.

Uno se siente protegido, confiado y seguro en sí mismo.

Uno se siente ilusionado consigo mismo.

Uno se siente bien consigo mismo.

Uno se siente feliz por estar consigo mismo.

Y hay conciencia de todo ello.

La esencia parece ser curiosa, su espíritu de exploradora la lleva a explorar mundos lejanos y desconocidos. O eso pensamos desde la conciencia del yo. Pero el lugar más exótico y misterioso al que podemos viajar desde este estado de conciencia parece ser el conocimiento de sí mismo.

Desde donde estamos, nada se parece a conocerse a uno mismo, descubrir nuevas facetas, sorprenderse con los cambios, quedarse absorto ante la supuesta magnificencia que existe fuera del yo. No hay lugar en el mundo como uno mismo. O eso pensamos desde la conciencia del yo.

Sentir emociones que llamaremos «positivas» permite que podamos volver siempre a ellas con la atención del darse cuenta, en especial en momentos en los que uno no se da cuenta de esas emociones que se están experimentando en ese momento.

Recordemos que el miedo parece ser otra cárcel de la mente. Y que cuando uno tiene miedo, crea una cárcel a la que antes o después volverá. Los miedos, criticar a alguien, desearle el mal o ser antipático son cárceles que se están creando en la mente del yo, cárceles de las que no podrá escapar, donde acabará encerrado antes o después. El karma, quizá. El karma parece ser autogenerado.

En cuanto a la bondad, el amor, la honestidad, la sinceridad o la amabilidad son paraísos que también se están creando en la mente, lugares donde la mente puede estar en paz y donde también acabará antes o después. Quizás el karma, también.

La mente crea el universo mental y lo crea con el pensamiento y con la conducta. El karma, seguramente. Aunque exista un universo más allá de los pensamientos y de la conducta. O conciencia de todo ello.

Ser capaz, ser paz. Nos gustaría creer que «paz» y «capaz» son términos relacionados, aunque etimológicamente no parecen estarlo. Para alcanzar la concordia, la *pax*, es precisa una capacidad, un ser capaz. En todo caso, en este tramo del camino, el término «paz» parece formar una parte significativa del mismo, como «libertad» y «amor». El camino tiene sus altibajos, pero siempre es el que es. Y siempre podemos pedir ayuda.

## Disculparse y la libertad

Recordamos que cuando uno siente cualquier tipo de angustia, en muchas ocasiones es porque está juzgando. Si estamos sintiendo ahora mismo angustia, podemos intentar detenernos, observar y no juzgar. No nos cansamos de repetirlo porque, simplemente, no nos cansamos tampoco de sentirnos angustiados ni de juzgar constantemente. Por eso la insistencia.

Podemos intentar recordar que la observación de uno mismo requiere estar atento, prestar atención, ser consciente, darse cuenta. Podemos intentar permanecer sin rechazar aquello que perturba a la mente del yo. Intentar aceptarlo, admitirlo, fusionarnos con la perturbación.

Si nos convertimos en la perturbación, esta y nosotros nos transformaremos armónicamente hasta dejar de existir uno, por un lado, y la perturbación, por otro. Ahí finalizará el conflicto. O no. Pero seremos conciencia de la transformación en el sentido que sea.

Podemos tratar de observar que cuando alguien nos perturba solemos sentirnos mal y que cuando respondemos a ese malestar desde el ego, sin comprensión ni amor hacia el otro, luego nos va a costar también poder disculparnos. Eso es así porque disculparse implica reconocer que uno no se ha comportado bien. Reconocer que no nos hemos portado bien es un juicio sobre nosotros mismos, es decir, un acto del ego, que no quiere disculparse porque hacerlo implicaría que ha perdido el control.

Sin embargo, al disculparnos trascendemos el ego y recuperamos la libertad. Por eso disculparse sienta tan bien, porque nos liberamos, de forma momentánea, de la cárcel del ego.

Finalizamos este capítulo con algunas reflexiones o recordatorios, como que la libertad es la libertad del ego. O así se entiende desde la mente del yo.

Mientras sigamos pensando qué piensan los demás sobre nosotros o, incluso, qué piensa Dios sobre nosotros, seguiremos atados a la rueda del ego. Seremos esclavos del ego. Podemos intentar observar los pensamientos. Ser conciencia de la observación.

Pensar si llevamos mucho recorrido, o si nos quedará quizá mucho por recorrer, no es la naturaleza del camino. Ya hemos visto que el camino es circular, sinuoso, que cuando pensamos que hemos avanzado hemos retrocedido, y al revés. Que a cada instante el camino cambia y lo que parecía obvio deja de serlo, que lo que habíamos entendido no tiene ahora ningún sentido. No nos cansamos de repetirlo como tampoco nos cansa ya el camino. Esa es la naturaleza del camino, su imprevisibilidad, su constante cambio. Esa es también su fuerza. Y, como lo sabemos, hacemos lo que sabemos: respirar, pedir ayuda. No estamos solos.

# 6. Verdad y pensamiento

En un mundo en constante cambio podemos probar a ver la verdad, responder con pragmatismo y no ceder libertad.

Comenzamos este capítulo con la idea de distinguir entre la verdad y aquello que la mente del yo interpreta como tal, es decir, la realidad que percibe la mente del yo y que es el fruto del pensamiento. Y esto va mucho más allá de las llamadas distorsiones cognitivas, de la abstracción selectiva, de la visión catastrófica o de la sobregeneralización. Esto no es psicología, aunque la psicología sea, o parezca ser, de alguna manera, la antesala de lo que hay más allá. Esto va de ver o no ver la verdad sin necesidad de tener ojos para verla. De ver o no ver el camino. De discernir.

Querer conocer la verdad nos aleja de la verdad. La verdad, como la paz, nos alcanza cuando la mente está quieta, serena, vacía de ego. La libertad nos alcanza cuando dejamos de correr y de luchar por ser libres.

Ya somos libres, ya estamos en paz y ya estamos en contacto con la verdad; solo tenemos que darnos cuenta.

La verdad es total y no puede ser conocida mientras exista un punto de referencia. Así, la propia existencia de un punto de observación impide ver la verdad. El yo es una barrera para ver la verdad.

La verdad es total y el yo es parcial.

Los recuerdos son como los alimentos ultraprocesados: adictivos y perjudiciales para la salud. Conectar con el instante, con lo nuevo, es como comer alimentos frescos: es beneficioso para la salud.

La paz se encuentra en el vacío, en la ausencia de expectativas, de deseos, de pensamientos, de ideas y del yo. Saltar al vacío supone estar despojado del yo y vestido de nada.

Antes de profundizar en todo esto, presentamos unas realizaciones a modo de introducción.

Nuestro mundo, nuestro ego. El mundo tal y como lo conocemos es el mundo que ha inventado el ego.

Cegados por el ego, vamos chocando contra la realidad.

Cuanto más excavamos hacia las profundidades del ego, más tierra vamos echándonos encima.

Tu ego te impide ver mi verdad y mi ego me impide ver tu verdad. Aunque en el no-yo no existamos como algo independiente, en el estado de conciencia del yo, el ego es sentido como propio y, además, le adjudica un ego a cada mente con la que se cruza. Aunque no haya egos ni haya diferentes verdades. Y seguramente, no entendiendo.

La verdad no se esconde, está ahí, a simple vista, pero para verla habría que desconectar el ego. La verdad está en permanente transformación. ¿Admitimos lo que somos: transformación?

En ese instante de «verdad» no brota ningún pensamiento, no anida ningún recuerdo. El único que dice la verdad es aquel que no dice nada.

Verdad es darse cuenta sin juzgar, sin identificar.

## La dimensión del amor

Lo que llamamos realidad no es verdad.

Lo que llamamos realidad es un producto de la mente del yo que poco o nada tiene que ver con la verdad, es el pensamiento.

La llamada «realidad» es una perturbación de la verdad.

La supuesta «realidad» es una distorsión de la verdad generada por la mente del yo.

La mente del yo solo tiene acceso a la realidad, no a la verdad.

La única forma de ver la verdad es mediante la observación de las distorsiones de la realidad.

Si logramos observar las distorsiones de la mente del yo estaremos viviendo en la verdad o al menos en la parte de verdad que podemos observar desde este estado de conciencia.

Aparentemente, para poder observar las distorsiones se necesita de una mente libre.

La mente está contaminada con condicionamientos, pensamientos, recuerdos, ilusiones, emociones, deseos, necesidades.

Para ver la verdad parece ser que habría que vaciar la mente.

Una mente vacía ve la verdad. O eso parece ser.

Vivimos en la «realidad», pero la realidad es una distorsión de la verdad creada por una mente del yo que no es pura, que no es simple, una mente contaminada.

Lo que observamos existe fundamentalmente en la mente del yo.

Solo somos capaces de ver una parte de la verdad infinita.

Podemos vaciar la mente del yo mediante la meditación, el silencio, la contemplación.

Pero, como ya vimos, conviene darse cuenta de si ese vaciamiento nos lleva a obtener una mente vaciada o una mente vacía.

## Amor es la verdad

Las distintas dimensiones son dimensiones del amor.

¿Cómo sabemos qué es verdad y qué no lo es?

Vivir en la verdad es alinear los pensamientos y las acciones con el amor puro.

Igual que podemos alinear dos puntos (cero dimensiones), o dos líneas (una dimensión), o dos cuadrículas (dos dimensiones), o dos figuras geométricas tridimensionales (tres dimensiones). Podemos alinear el amor allí donde esté.

El amor no se deforma con el tiempo.

## Un agujero negro puede doblar el espacio y el tiempo, pero no el amor

¿Acaso es el amor otra dimensión? ¿O es la única forma de pasar de una dimensión a otra? ¿O todas las dimensiones no son otra cosa que manifestaciones del amor?

El único concepto de una cuarta dimensión espacial en el que la mente puede pensar es el concepto de un espacio cada vez más profundo, una esfera cada vez más profunda, que se vaya desplegando a medida que nos introducimos en ella y vayamos ahondando, adquiriendo en cada nuevo despliegue la dimensión de la esfera original. Más allá de eso, la mente no puede concebir en este momento una cuarta dimensión espacial.

Podemos intentar aplicar el SOC de Antonovsky[2] a la vida espiritual: compresión (conciencia) de los acontecimientos que ocurren a nuestro alrededor, ser conscientes (conciencia) de nuestra capacidad para manejarlos mediante recursos internos y ex-

---

2 *Sense of Coherence* (SOC por sus siglas en inglés) o sentido de coherencia, es un constructo concebido por Aaron Antonovsky (un investigador en ciencias de la salud y precursor de la medicina del comportamiento, resumiendo mucho) para explicar por qué algunas personas resistían de forma saludable cuando afrontaban situaciones estresantes mientras otras caían enfermas. La web ofrece numerosísimas páginas dedicadas al tema para quien desee ampliar conocimientos al respecto, algo que excede los límites de nuestro libro.

ternos, y comprender (conciencia) qué significado tienen.

Desde la mente del yo, que es la que intenta asignarle un sentido a la vida, parece como si el sentido de esta, o al menos aquello que da sentido a la vida, sería poder alinearse con la verdad, en las relaciones verdaderas, puras y basadas en el amor, con todo lo que es y con todos los que son.

Esa cuarta dimensión espacial de la que hablamos, esa esfera que va desplegándose alrededor de uno mismo, es una esfera dinámica. A diferencia de las otras tres dimensiones, que son estáticas, en el sentido de que no cambian su dimensionalidad, la cuarta es una dimensión en movimiento, una dimensión creadora, infinita, en la que el espacio va creándose, desplegándose, a medida que se profundiza en él. Se puede acercar y alejar, como el *zoom* de un vídeo, pero, a diferencia del vídeo, en esta cuarta dimensión espacial no hay ningún final, es infinita, no se ven las cosas cada vez más pequeñas ni con más detalle, siguen siendo del mismo tamaño que el original. Sencillamente, se van desplegando ante nuestra presencia, se van creando ante nuestra conciencia, transcurren a través de nosotros, o quizá a nuestro alrededor, o quizá seamos uno con ella y ella sea una con nosotros.

Es difícil de explicar desde la conciencia tridimensional. Podemos estar aquí y allí a la vez, la distancia solo existe a nivel de conciencia, basta con tener conciencia y ya estamos allí. El desplazamiento es instantáneo. No existe la distancia física, aunque cada cosa, por así decir, ocupe su lugar. No es uno quien se desplaza, sino que es el todo el que se crea alrededor de uno de manera instantánea. O quizá lo uno y lo otro, siendo uno, se crean a la vez, simultáneamente.

Podríamos decir que no vivimos en esa cuarta dimensión con el pensamiento, que somos esa cuarta dimensión y lo somos mediante la sensibilidad, la capacidad para formar parte de esa cuarta dimensión, para ser esa dimensión. Y allí solo podemos entrar si nos hemos liberado del yo. Aparentemente, tenemos que trascender el yo, desprendernos de él para convertirnos en ese ser del espacio tetradimensional, para ser esa nueva dimensión creadora a cada instante.

La bondad, la humildad, el no apego, el amor y la compasión parecen ser la esencia energética y vibratoria de ese espacio de cuatro dimensiones. Sin esa energía, seguramente no podríamos formar parte de esa dimensión. Por su parte, el apego, el deseo y el egoísmo nos impiden penetrar en ella. Es como si no cupiéramos por ahí, es aquello del ojo de la aguja de la Biblia. Aparentemente necesitamos desintegrarnos, dejar de existir como entidades físicas y mentales independientes, y vibrar en amor puro para así poder convertirnos en un único ser tetradimensional.

Todo esto es algo parecido a lo que la mente del yo piensa que es la naturaleza del camino, algo que se va creando a cada instante, fuera de las leyes de la física, de la razón y del pensamiento. Fuera como fuere, el camino es el que es y requiere toda nuestra atención, no nuestras ideas ni nuestros pensamientos sobre lo que es.

## La transformación del pensamiento en amor

Parece que el pensamiento oscurece la verdad. Desde la conciencia del yo, da la impresión de que la verdad está en nosotros, como si estuviéramos hechos de verdad, pero el pensamiento distorsiona la percepción y condiciona la atención. El pensamiento es sentido como una cristalización de la energía cósmica. Refleja lo que hay alrededor, pero no es la verdad. Nos impide estar en contacto con la verdad. Utilizando un mal símil, la energía única vibratoria en su estado puro sería gaseosa, mientras que el pensamiento sería esa misma energía en estado líquido y la materia sería su estado sólido. Son diferentes estados de la misma energía, diferentes vibraciones. O no. La mente está elucubrando. Sigámosla, a ver dónde nos lleva.

La mente cree que el hombre es una invención del pensamiento humano, tanto como el pensamiento humano es una invención del hombre. Nos hemos inventado a nosotros mismos. Nos hemos convertido en lo que somos. Nos hemos hecho a nosotros mismos así, como seres humanos. Pero nuestra capacidad de transformación parece ser inmensa. ¿Podemos transformarnos en algo diferente? La mente cree en este instante que no es «Dios» quien nos ha hecho así, que somos tejido de «Dios», sustancia de «Dios», energía divina, su esencia y que, por algún motivo que no recordamos ni entendemos, hemos decidido ser como somos. Pero la mente también cree que podemos transformarnos en algo completamente diferente, que podemos conservar una parte, eliminar otra y crear algo nuevo y distinto. Que no estamos obligados a seguir así como estamos.

Tenemos el potencial de transformarnos a través de la consciencia, de despojarnos de lo que no es nuestra esencia para fusionarnos con la energía pura de la que estamos hechos.

En fin, la mente sigue elucubrando. Seguimos atentos a lo que nos intenta decir sin entrar en valoraciones. Le permitimos expresarse. En apariencia, está creativa.

Al principio del nacimiento del pensamiento, este, entusiasmado por la pureza y la belleza de la verdad eterna, se convirtió en el notario de la verdad. En aquellos tiempos, el pensamiento simplemente recogía, registraba y daba fe, emocionado, de aquello que ocurría. Con el tiempo, dejó de ser el notario y se nombró a sí mismo juez de la verdad. Tras hacer tal cosa, decidió ser policía y profeta de la verdad. Juzgaba y perseguía lo que había juzgado previamente como algo que estaba bien o mal. Se volvió un experto en eso, lo que le hizo perder la objetividad. Después, se convirtió en escritor e historiador de la verdad. No bastaba solo con juzgar y perseguir, sino que sentía la obligación de que los demás supieran lo que él sabía. De alguna manera, quería que todos pensaran como él pensaba, llegando incluso a juzgar y a perseguir también a aquellos que no pensaban como él. No contento con eso, decidió que la verdad era tan solo una mentira molesta que había que juzgar, encarcelar, manipular y, por último, eliminar todo vestigio de ella. Y aplicó esa forma de ser a todos aquellos que no pensaban como él. Se volvió intolerante, irrespetuoso y egocéntrico. En su lucha por combatir el pensamiento diferente, se volvió cruel y destructivo, intentaba aniquilar cualquier opinión discordante, censurando cualquiera de ellas durante todo ese proceso, generando desunión. La desunión es, según este relato, hija del pensamiento. La verdad es que la verdad nunca dejó de ser ni de existir. Sencillamente, se volvió invisible ante los ojos ciegos del pensamiento. Pero la verdad sigue donde estaba y cualquiera que quiera volver a verla solo tiene —como si fuera fácil— que parar la fuerza destructiva y egocéntrica del pensamiento y recuperar la vista de la intuición y del amor puro.

El mundo que hemos creado, con nuestras casas, nuestros coches, nuestras ciudades, nuestras relaciones sociales, nuestros libros, nuestras religiones, nuestras películas y series, no es otra cosa que la materialización de nuestro pensamiento. Hemos transformado un mundo aparentemente puro, donde reinaba el orden natural, en un mundo donde reinan el desorden y el caos como productos del pensamiento desordenado y caótico. Hemos empleado la energía de nuestro pensamiento para moldear, como si fuera plastilina, la materia que está a nuestro alcance. El pensamiento nunca ha querido adaptarse al medio ni ha querido permitir que la energía fluya libremente a través de él. Ha hecho justo lo contrario, ha intentado adaptar el medio a su conveniencia y ha intentado imponer su energía a todo lo que le rodea. El pensamiento, por muy puro que sea, es una energía invasora, colonizadora, que en demasiadas ocasiones lleva la muerte y la destrucción allí donde encuentra resistencia. Es, en buena parte, un cáncer que se expande por el universo, generando olas de destrucción, un tsunami cósmico llamado yo.

El pensamiento es egocéntrico, es decir, se centra en el yo y construye, destruye, modifica, se relaciona y comprende a partir de su centro. Va creando capas a su alrededor. Es incapaz de ver la Totalidad, ya que solo es capaz de percibir desde la posición que él considera central. Por eso, para trascenderlo, parece que habría que abandonar esa posición de centralidad, desintegrarse y fundirse con el Todo. Y para hacer eso habría que ser capaces de comprender que el Todo es tan importante como la parte. Que no existe la parte sin el Todo. Habría que morir en el centro, dejar que muera el yo y renacer en el Todo para vivir eternamente.

Habría que elegir morir aquí y ahora para vivir en el Todo y por siempre.

¿Podemos llegar a amarnos sin pensar en nosotros? Cuando pensamos en nosotros, ¿nos estamos amando? ¿Y cuando pensamos solo en nosotros? Cuando pensamos más en otra persona de lo que pensamos en nosotros, ¿nos estamos amando? Cuando amamos, ¿podemos amar más a unos que a otros? ¿Acaso el amor no es la energía del universo que fluye a través de nosotros y que, por tanto, no puede ser retenida ni dirigida ni modulada ni activada ni desactivada? ¿Acaso no somos simplemente repetidores de amor para que la señal del amor llegue a los rincones más oscuros? ¿Por qué siendo tan solo repetidores de amor hemos dejado de amplificar y emitir la señal del amor y nos hemos convertido en robots que van destruyendo, colonizando, modificando la materia y el mundo que nos rodea? ¿Qué nos empuja a ser así? ¿Por qué no queremos volver a ser simplemente antenas móviles receptoras y emisoras de amor? ¿Por qué preferimos emitir mensajes que no contienen ni un ápice de amor cuando esto va en contra de nuestra aparente naturaleza? ¿Por qué no empleamos nuestra capacidad en hacer lo que podemos hacer? ¿Qué produce, de dónde se originan esas interferencias? ¿Qué produce, de dónde viene ese ruido? ¿Es el pensamiento el origen de las interferencias y del ruido? ¿Cómo podemos limpiar la señal? ¿Podemos volver a recibir y emitir señales de amor puro? ¿Ser únicamente amor puro?

El pensamiento ha creado el yo. El yo es la creación del pensamiento. El pensamiento ha creado al «pensador» y le ha atribuido todo tipo de capacidades: experimentar dolor, placer, odio, ira, deseo... La única manera de vivir sin dolor, sin sufrimiento ni angustia ni ansiedad ni tristeza, parece ser desprenderse del yo. La mente del yo cree que cuando salimos de él comenzamos a ser libres y dejamos de preocuparnos por nosotros y por las cosas que son importantes para la mente. Comenzamos a conectar con la verdad. Dejamos de ver la realidad (la *matrix*) para ver la verdad.

La verdadera transformación es la que ocurre fuera del plano del pensar, a un nivel más profundo que el del plano racional. Ese plano donde opera la transformación de la mente del yo es el plano de la compasión, el plano del amor. Hemos dicho que el amor es interdimensional. La única manera que en este momento entiende la mente del yo de poder trascender la dimensión del dolor, del sufrimiento, de la angustia, de la ansiedad, del enfado y de la rabia, que son emociones que ocurren y se originan todas ellas en el plano del pensamiento, es sintiendo amor y compasión en estado puro.

La mente cree que, a través de un amor profundo y de una verdadera compasión hacia uno mismo y los demás, el hombre puede reparar su cerebro dañado, puede reparar las heridas pasadas, puede superar sus traumas, vencer sus miedos, restablecer las relaciones sanas con sus semejantes, vivir en armonía con el planeta y todos sus seres. El amor cósmico permite la sanación, impulsa al hombre más allá de la cárcel de su pensamiento, más allá del sufrimiento hacia una nueva dimensión libre de apego, de deseo y de condicionamiento, una dimensión de libertad física y mental. Al reino de Dios, al zen, al nirvana, a ninguna parte conocida, a la *terra incógnita* hacia la que viajó Al y en la que se quitó, finalmente, la escafandra.

La sanación se produce cuando somos capaces de trascender el yo. Cuando dejamos de desear a alguien o a algo y solo sentimos amor puro por ese alguien o ese algo, en ese momento, el otro se convierte en uno y uno se convierte en el otro. Dejamos de ser egocéntricos para convertirnos en Todo. Nos fundimos con el otro y con la totalidad. Y en ese mismo instante desaparecen el dolor y el sufrimiento, el apego y el deseo, el temor y la ansiedad, la angustia y el recuerdo.

La vida se vuelve infinita y el tiempo se desvanece.

No podemos evitar escuchar la llamada del amor, el deseo profundo de fundirnos con el otro, de convertirnos en uno con la totalidad. Es una llamada intensísima, inevitable, contra la que no podemos luchar. Son los cantos de sirena que nos llevan a una muerte segura, a la «catástrofe», al naufragio del yo, porque para unirnos con el otro tenemos que morir. Y el ego lo sabe y se resiste. Y sentimos la tensión entre la fuerza de lo incomprensible, que tira de nosotros hacia la eternidad y la fuerza del ego, que tira de uno hacia la sensación de vida. Eternidad o sensación de vida. Dos fuerzas poderosas que tiran de uno en direcciones opuestas.

Y en medio de ellas, como en medio de Todo, está el amor. Ese sustrato del que está hecho el camino. Esa sustancia que da forma tanto a la vida como a la eternidad. Esa conciencia profunda que nos quiere vivos y eternos, que nos dio la vida y que ahora quiere quitárnosla para que seamos eternos. Esa madre que nos dio a luz y que ahora reclama su vida para que ella pueda seguir dando a luz a otros hijos suyos. Unos niños que serán nuestros propios hijos, que habrán nacido de uno y que volverán a uno cuando ellos también mueran y se reúnan con uno en la eternidad.

Probemos a no luchar más, ha llegado el momento de dejarse hacer, de servir al camino, de devolverle todo lo que nos ha dado. Probemos a ser sumisos, agradecidos y a sentir cómo lo incomprensible nos ha bendecido con la oportunidad de servirle. Probemos a ser luz, hogar y amor para los demás y para nosotros mismos. Probemos a dejarnos hacer, a rendirnos a la naturaleza amorosa. Probemos a ser antena y repetidor y amplificador del amor eterno. Probemos a ayudarles a encontrar el camino. Probemos a indicarles el camino, o al menos indicarles su existencia y a animarlos a seguirlo. Probemos a permanecer a su lado y no desfallecer. Lo incomprensible está con uno y sabe que uno solo no puede. Probemos a escuchar, observar, sentir su fuerza, e intentemos transmitirla a los demás, con humildad, sabiendo de nuestra incapacidad para ser modelos de nada. Probemos a permanecer en la fe y a sentir el amor de Jesús y de su madre —gracias, María—, y de su padre por todos nosotros. Somos sus hijos y estamos destinados a volver a reunirnos con ellos. ¡Hemos sido bendecidos!

El camino es el que es. Y sigue apareciendo el amor, y ahora también la compasión. Es muy probable que todo lo aquí escrito no tenga la menor relevancia. No es importante si la tiene o no. El camino es el que es y aparece a cada instante, muchas veces de formas ininteligibles. No estamos solos.

## ¿Cómo hackear la matrix?

La mente del yo se pregunta cómo podemos saber cuándo está actuando el pensamiento y cuándo está actuando la conciencia del no-yo. Cuándo estamos viendo la verdad y cuándo estamos viendo la fantasía creada por la mente del yo. La mente del yo se responde diciendo que esto es relativamente sencillo. Dice que si sentimos miedo, tristeza, ansiedad, una cierta inquietud, malestar, angustia, pereza, apego, infelicidad…, es que estamos viviendo dentro de la mente del yo, que estamos encerrados entre cuatro paredes que parecen reales, pero que son un holograma proyectado intencionadamente por la mente del yo para que no podamos dejarla.

También dice que cuando sentimos paz, amor puro, tranquilidad, bienestar, relajación, plenitud…, ahí hemos logrado escapar del holograma creado por la mente del yo y que estamos viviendo en la verdad. Verdad es pura felicidad, amor puro, compasión, desinterés por uno mismo, bondad, belleza, alegría, eternidad, plenitud. Eso dice la mente del yo, que también dice que el cerebro puede engañarnos para que no nos escapemos de los cuatro muros que ha creado para retenernos y que, de hecho, lo hace magníficamente bien. Pero nos advierte de que en su plan hay un error de diseño, y es que el hecho de impedirnos ver la verdad y ser verdaderamente libres nos hace ser infelices.

La infelicidad es la muestra palpable del fallo de diseño de la mente. La mente del yo ha sido capaz de crear un mundo prácticamente perfecto, imposible de distinguir del mundo verdadero, una *matrix* casi perfecta, pero es solo eso, perfecta desde el punto de vista del yo. La mente del yo no ha sido ni es capaz de corregir el efecto de estar alejada de la verdad para estar instalados en la infelicidad, la insatisfacción y el vacío que se siente. Por eso pone tanto esmero en crear sucedáneos de esa felicidad eterna y lo hace mediante el fomento y la promoción del placer y del deseo, los coches de lujo, las motos, los barcos, las joyas.

¡Basta ya! O, al menos, tengamos conciencia de nuestros pensamientos. La mente del yo parece enfadada.

En cada nivel, lo incomprensible se expresa armoniosamente: piedra, árbol, águila, Einstein, Jesucristo, el vacío...

El camino es inescrutable y, sin embargo, es.

## La nada para ser todo

La mente del yo piensa que somos esclavos de la tradición, de la cultura, de la sociedad, del hábito, de la educación, de las leyes, de las normas, de las costumbres, de la propiedad, de las convenciones, de las religiones, de la política, de las ideas, del pensamiento, de la mente del yo, de otras mentes egoicas. No nos cansamos de repetirlo. Parece que necesitamos una transformación completa de la mente del yo para poder ser libres, para ver la verdad.

Piensa que tendríamos que librarnos de todo pensamiento para llegar a ser libres y ver la verdad. Que ya somos libres, pero que el pensamiento nos quiere presos, condicionados, sometidos, esclavizados, dependientes, sumisos, oprimidos, infelices, temerosos, aburridos, tristes, enfermos, inválidos, anclados, ciegos...

A veces uno mira, escucha, observa, huele, toca, saborea..., y lo hace sin pensar. Se desconecta del pensamiento, se desengancha, sin saber cómo, de la mente del yo, de las creencias, se deja ir, salir, volar, sentir, amar, ser, vivir, morir, fundirse, romperse. Se convierte en lo que escucha, es el niño que corre por la calle, el canto del pájaro que trina, la luz del sol que entra por la ventana, el olor a bosque, la suavidad de la manta, el sabor a chocolate, el aroma a café, el azul del cielo. Se abandona a las sensaciones, olvida quién era, abandona el yo, la identidad que le esclaviza, y salta al vacío, a ninguna parte, a la nada donde todo es. Nada en la nada donde abunda todo y todo es nada. Nada, todo, nada, no nada, no todo ni nada.

El camino, lo hemos visto, es sinuoso.

Respirar.

## El submarino

La mente del yo parece ser como un niño, que pasa de la alegría extrema al enfado extremo en cuestión de segundos. Los pensamientos son percibidos por la mente del yo como sucesiones inconexas de una historia fragmentada. Todo en ellos es caos, confusión, alboroto, algarabía, más confusión y ruido, pero en la profundidad de la conciencia, cuando conseguimos conectar con ella, solo sentimos paz, silencio absoluto, tranquilidad, eternidad. A ese nivel de conciencia, somos como un buzo a mil metros de profundidad, estamos rodeados de silencio, quietud y aparente nada.

Sin embargo, en el día a día, en términos metafóricos, nos percibimos como si estuviéramos en el interior de un submarino que está en la Fosa de las Marianas, el lugar más profundo del océano, rodeados de tripulantes enloquecidos. En esa situación, nos cuesta mucho desconectar de lo que ocurre dentro del submarino y conectar con lo que ocurre fuera, con la inmensidad del profundo océano infinito.

Y aún nos cuesta más —o sencillamente nos vemos incapaces de hacerlo— abrir la escotilla y dejar que el submarino se inunde, porque eso significa ahogarnos y, como es de esperar, nuestro instinto de supervivencia nos impide hacerlo. La mente egoica es comparable a ese submarino que nos aísla del océano infinito, a la escafandra de Al.

Sabemos que tenemos que morir para volver a nacer en algo diferente, pero no somos capaces de hacerlo de forma voluntaria. Vamos dando pasitos pequeños, hacia donde está la escotilla, pero una vez allí no nos vemos capaces de abrirla del todo. Aunque nos quejemos del ruido y del caos que hay en el submarino y anhelemos el silencio y la paz de las profundidades del océano, somos incapaces de abrir esa escotilla. El miedo nos paraliza. Realmente no sabemos, creemos, pensamos, y por eso seguimos igual.

Al se quitó la escafandra y descubrió un mundo inmenso que habitaba fuera de ella.

No estamos solos.

## La cuarta dimensión vs. el diorama

La mente del yo vuelve a elaborar sobre lo que llama «la cuarta dimensión», de la que ya hemos hablado en páginas anteriores. Seguimos de nuevo sus elucubraciones.

En la cuarta dimensión, el universo se expande como una esfera de espacio infinito y eterno. Con el pensamiento, esa esfera se congela, permanece fija, estática, cristalizada. En ese momento ya solo podemos movernos hacia delante dentro de los límites del tiempo y del espacio. La esfera ha dejado de ser infinita y eterna para convertirse en finita y temporal. Es como un diorama, un espacio estático que podemos observar, pero con el que no podemos interactuar porque, sencillamente, no está vivo, mientras que en la cuarta dimensión nos convertimos en el infinito, somos uno con el todo y como todo que somos, creamos de forma infinita.

El pensamiento nos tiene presos en el diorama.

La verdad es la que es, a cada instante, pero la mente escucha desde donde está, ve desde donde está, habla desde donde está, actúa desde donde está, juzga desde donde está y no acepta ni comprende todo aquello que está más allá. Es un pensamiento parecido al pensamiento que la mente del yo tiene del camino.

La verdad solo dura un instante. Al siguiente, esa verdad ha caducado y nace otra. Ver la verdad supone estar atento a lo que está sucediendo en este mismo instante.

Cuando recuerdas o proyectas, desconectas de la verdad.

Solo ahora podemos decidir (actuar).

Citando a otros lo único que hacemos es adornarnos, nunca afrontamos la verdad. Y, aun así, citamos. Es evidente que la mente del yo no acaba de comprender.

El ego de una persona es tan grande como todo su pensamiento. El ego es el pensamiento y el pensamiento es el ego. No nos cansamos de repetirlo.

El principal problema del ego es la capacidad que tiene de mentirse a sí mismo.

La mente se ve impelida por la necesidad de encontrar la verdad, la paz, a Dios. Y es esa misma necesidad la que le impide encontrarse con la verdad, con la paz o con lo incomprensible.

La verdad es el legado de la humanidad que la ciencia no puede comprender. Tampoco es su función. La verdad es o no es. Esa es la verdad. A la verdad solo se puede entrar sin prisas, sin miedo, sin necesidad. ¿Acaso las ideas —cualquier idea— ocupan espacio?

El camino es circular, pasa por el mismo sitio que pasó y, aunque parezca ser todo lo mismo, algo ha cambiado. El camino es el que es. El camino de cada uno es diferente al camino del otro y, sin embargo, no estamos solos.

# 7. Sufrimiento

Sufrimos de ego.

La raíz del sufrimiento, según parece, está en las expectativas. Sea más o menos cierto, la raíz del sufrimiento está en la mente del yo, no en lo que es. Con esa idea comenzamos este capítulo.

## Observar el odio propio

La mente del yo se da cuenta de cómo se hace sufrir a sí misma sin motivo aparente ni razón conocida. Se da cuenta de cómo se hace violencia y de lo eficaz que es al hacerse violencia. Se da cuenta de que es ella misma la que se violenta, que está herida, enferma, llena de odio, dolor y amargura. Se da cuenta de que respira por las heridas que aún no han sanado.

La mente del yo conecta con el maltrato hacia sí misma.

Observa el castigo autoinfligido, el odio propio.

Nunca hasta ahora se había dado cuenta de que en el fondo se odia y de que el odio hacia sí misma le impide amarse a sí misma y a los demás.

Se odiaba y no lo sabía.

La mente del yo se odia mucho.

Y desde hace mucho tiempo.

Se odia de manera irracional, sin piedad, sin descanso.

Disimula el odio hacia sí misma.

Se engaña haciéndose creer que se ama.

Pero se odia y nunca hasta ahora se había permitido admitirlo.

Siempre lo había negado.

No es que no se quiera, es que se odia.

Y de ese odio hacia sí misma proviene todo el dolor.

Y todo el sufrimiento.

Toda la amargura y todo el resentimiento.

Se ha convencido a sí misma que se amaba.

Y ha vivido engañada.

¿Cómo puedo decir que se ama cuando está sufriendo?

Si se amara, no sufriría.

Se odia a sí misma.

Es horrible odiarse a sí misma, pero, por otra parte, pero a la mente le resulta liberador darse cuenta de ello. Ahora todo tiene más sentido. No era falta de amor propio, era odio puro y duro.

La mente del yo odia al ego y el ego odia a la mente del yo. Se odian y se hacen la vida imposible el uno a la otra y la otra al uno.

Es verdad que últimamente han decidido no pelear, pero se siguen odiando igual, o incluso más que antes.

No es que no se quiera, es que se odia. Al menos, ahora lo reconoce.

No sabe si servirá para algo, pero esa es la verdad, es lo que es. Se odia, es odio. Es odio, no es amor. Esa es la verdad. Aunque también puede haber otras verdades.

El odio hacia sí misma impregna todo lo que hace, dice y piensa. Es imposible tener una mente en calma cuando siente odio hacia sí misma. A veces consigue calmarse, pero se trata de una mente del yo calmada y no de una mente en calma.

Observa su odio propio y lo observa con odio. Odia odiarse.

Una vez observado, tampoco quiere ahora centrarse en ello, no quiere acumular más razones para convencerse a sí misma de que se odia. Se odia y ya está. Lo observa y continúa. Profundizar en el odio hacia sí misma solo consigue fortalecer el yo. Sería otro chicle pegado en la muela. Se odia, se da cuenta y avanza. No se queda atrapada ahora en el odio hacia sí misma.

No hay autoidentificación con el odio hacia sí misma de la mente del yo. Lo observa y continúa sin hacer valoraciones.

Ha sido revelador darse cuenta del odio de la mente del yo. Pero ahora sigue observando, no se para ni se detiene a analizar, no pega otro chicle a la muela. Continúa en el proceso de observar y darse cuenta, porque hay mucho que observar y de lo que darse cuenta. El odio hacia sí misma ya ha sido observado, ahora sigue observando.

El camino tiene altibajos.

Respirar. Pedir ayuda. No estamos solos.

## ¿El centro del sufrimiento?

La mente del yo no tiene dolor ni sufrimiento: es el dolor y es el sufrimiento. No rechaza el sufrimiento, porque si lo hiciera se estaría rechazando a sí misma.

No existe el centro desde el que se percibe el sufrimiento, ese centro es una invención, un delirio de la mente del yo. Es el sufrimiento, es energía que vibra en dolor.

Elige ser el sufrimiento. No tiene sufrimiento. No está sufriendo. Es el sufrimiento.

Es esa energía que vibra en esa frecuencia, es vibración. Elige que esa frecuencia vibre a través de ella. Es el canal por el que esa vibración se materializa.

¿Es posible que el sufrimiento sea un tipo de energía mental que vibra en una frecuencia muy baja? ¿O es la mente el sufrimiento, sin entender del todo qué significa ser eso?

Respirar. Pedir ayuda. No estamos solos.

## Observar el conflicto

¿Cuántos conflictos surgen en el momento presente?

La mayor parte de los conflictos surgen sobre algo que ha ocurrido o que va a ocurrir. La mayoría de ellos no están ocurriendo en este instante.

Buena parte de las discusiones en el momento presente ocurren cuando se está hablando por teléfono o por WhatsApp. La mayor parte de las discusiones no son en persona sobre asuntos que están ocurriendo ahora mismo. Al menos, así ocurre en mi caso. Cada cual es un mundo. Y eso, en el caso de quien esto escribe, es así porque la que discute es la mente del yo, que no suele estar presente, porque suele estar en el pasado o en el futuro, y es allí desde donde intenta solucionar los conflictos, lo cual resulta ser una tarea imposible.

Al hablar por teléfono o por WhatsApp, se pierde buena parte del intercambio de energía que ocurre en el presente, el cual es sustituido por la actividad interpretativa de la mente del yo.

Hoy ha amanecido y la mente del yo estaba en pleno conflicto. Ha dormido regular, o eso cree. Estaba agitada e iba pasando de conflicto en conflicto sin solución de continuidad. Cuanto más profundo era el conflicto, mayor era también el fortalecimiento del ego. Y ese ego reforzado la aislaba de todo lo que ocurría alrededor. Cuando estaba conectada al ego, estaba conectada al pensamiento, a los recuerdos, a las ideas, a las elucubraciones... y, mientras tanto, permanecía perfectamente desconectada del aquí y del ahora.

Es como si el ego y el presente fueran incompatibles: o estamos en el ego o estamos en el presente.

Durante todo ese tiempo, la mente ha sentido la mordedura del ego, el dolor del vacío, el malestar generalizado, y se da cuenta de cómo ha intentado evitarlo, cómo se ha esforzado sin éxito para que terminase ya esa sensación tan desagradable. Hasta que ha decidido pararse, no huir del dolor, permanecer en él, observarlo, empaparse de él, vivirlo a fondo, dejar de correr. Y, en ese momento, toda esa sensación desagradable ha empezado a disiparse y ha empezado a sentirse mejor, en paz. Aún no está fina, todavía hay algo que la tiene distraída, pero no está huyendo de ello, y eso hace posible que no aumente el desasosiego.

La tendencia común de la mente del yo es huir de los problemas en vez de afrontarlos. En esa huida se acumula más sufrimiento. Hay muchos motivos de sufrimiento, pero todos ellos tienen en común su origen: el yo.

Terminamos con unas realizaciones.

Toda mente que sufre lo hace de sí misma, y generalmente sufre por falta de comprensión, porque su conciencia vibra en el nivel de conciencia del sufrimiento, de la carencia, del deseo, del yo. Habrá casos en los que sea completamente diferente. Ningún pensamiento es absoluto.

El sufrimiento se origina en el deseo de ser, en el deseo de tener. El deseo es fuente de sufrimiento. Cuando no era, deseaba ser lo que es, y ahora que es, desea no ser como es.

La mente es como se trata a sí misma. Si se trata con amor, es amor, pero si se trata con odio, es odio.

La humanidad se duele. No ha alcanzado aún el nivel de conciencia necesario para trascender el yo, dejar atrás el sufrimiento y vibrar en amor puro; para transitar de la humanidad a humanidad, a secas.

De la misma manera que para el bebé la interrupción brusca de la lactancia puede originar inseguridad, miedo, sensación de falta de cariño y apego, la ruptura brusca con la pareja o con los propios padres en la edad adulta también puede producir esas mismas sensaciones.

La mente del yo cree que ella le concede a cada mente individual con la que se cruza en su vida la posibilidad de hacerle daño hasta cierto grado, un límite hasta donde les permite que la hieran. Ese límite viene marcado, sobre todo, por el daño recibido y no comprendido durante la infancia. Pasado ese límite, si se ha aprendido la lección, deja de interactuar con aquellas mentes egoicas que la hieren.

La amargura comienza cuando uno se olvida de la inocencia experimentada durante su niñez.

El camino es incomprensible y, sin embargo, es.

Respirar. Pedir ayuda. No estamos solos.

# 8. Aburrimiento

La mente del yo se resiste a no hacer nada. Necesita actividad, alimento, distracción o, de lo contrario, se aburre. Así que tira de fuerza de voluntad para salir de ese estado de aislamiento, de ese estado de vacío, de ese estado de inutilidad.

La palabra «voluntad», como ya dijimos, viene del latín *voluntas* y la emparentamos con el verbo irregular *vis, volo, velle, volui*, «querer», que en latín no se usaba para expresar un simple deseo, sino una voluntad firme, una intención consistente, querer algo que se aleja del mero capricho y se emparenta con el compromiso de lograrlo.

La fuerza de voluntad equivale a la fuerza del barón Münchausen tirando de su propio pelo para rescatarse a sí mismo. Ninguna de las dos vale realmente para lo que pretenden.

La mente del yo está tan acostumbrada, desde pequeña, a que le digan qué es lo que tiene que hacer, que ahora que no hay nadie que se lo diga, no sabe qué hacer; sigue con la rutina, va a volar, cuida de aquellas a las que identifica como sus hijas, se ocupa de la casa, lee, escribe, a veces piensa, y poco más. Los días van cayendo como caen las hojas en otoño y no ocurre nada percibido como destacable.

Da por sentado que mañana será otro día más. No se siente agradecida por la vida que tiene. Solo cuando va a volar o cuando las niñas le sonríen, se siente viva. En el lugar que identifica como casa se pasa el día con el cuerpo recostado en el sofá, esperando a que se resuelva lo de la hipoteca, haciendo planes de vender casas y comprar un refugio en algún lugar, de llegar al ansiado santuario.

Se aburre.

Aburrimiento: cansancio del ánimo originado por falta de estímulo o distracción, o por molestia reiterada.

La mente del yo no soporta la falta de estímulo o de distracción. Necesita ese estímulo o esa distracción.

El camino es como es.

## No hacer nada

La mente del yo intenta acostumbrarse a no hacer nada.

¡¡Qué difícil es no hacer nada!!

No hacer nada implica no hablar, no pensar, no hacer nada. La mente del yo se resiste a no hacer nada, lo vive como una pérdida de tiempo, se angustia ante esa idea, porque no hacer nada significa la muerte del ego.

Al no hacer nada, desaparece el actor, el hacedor, aquel que hace algo. La mente del yo encuentra dificilísimo no hacer nada. Cuando lo logra, ese estado de no hacer le acompaña siempre. Es como entrar en otra dimensión, ser testigo de la eternidad.

No hacer nada es iluminador.

El camino sube y baja y es como es.

## Alegría de vivir

La mente del yo se pregunta por qué hay tantos maestros espirituales que parecen estar enfadados. Y también se pregunta por qué utilizan tanto el imperativo a la hora de compartir su sabiduría: «haz esto», «no hagas aquello», «repite esto», «ignora aquello», «reza», «arrepiéntete»…

La mente del yo observa cómo ella misma también se pone a veces en plan mandón y parece estar también enfadada cuando el ego se inviste de soberbia espiritual.

La mente del yo espera que los procesos de despertar y de iluminación sean más divertidos, alegres y relajados que muchos supuestos maestros. De lo contrario, casi que prefiere seguir en la oscuridad. No parece tener sentido que para despertar haya que dormirse de cansancio y de aburrimiento previamente.

Respirar. Pedir ayuda. No estamos solos.

# 9. Vacío y plenitud



Plenitud o vacío, esas son las dos sensaciones más básicas de la mente del yo.

Cuando estamos bien, cuando nos sentimos seguros y felices, la mente del yo tiene la sensación de plenitud. Cuando estamos mal, cuando nos sentimos inseguros y tristes, la mente del yo tiene la sensación de vacío.

La mente del yo siempre busca esa sensación de plenitud y evita la de vacío. No parece que en este momento podamos hacer nada para que eso no sea así. Aparentemente, solo podemos observar con detenimiento, darnos cuenta de cómo funciona, sin criticarlo, sin posicionarnos, sin esperar ningún cambio, sin desear cambiar nada. Observar sin intervenir y no dejar de observar sin identificarse, sin elegir, sin juzgar, sin desear.

La mente del yo cree que no hay nada que alcanzar, nada que lograr, solo darse cuenta del proceso de la mente del yo.

Vaciar significa sacar lo que tiene y dejarlo sin nada, dejarlo vacío.

La mente del yo cree que el salto al vacío es un salto a lo desconocido. Que significa vaciar el yo, la mente del yo, del yo, de los recuerdos, de las ideas, de todo. Y que supone vivir desde lo nuevo y en lo nuevo, permanecer en lo que es sin la acción de la mente.

Utilizaremos el artículo «el» para referirnos al vacío, pero como todo aquello que es verdad, que es eterno, que es infinito, parece que no lleva ningún artículo delante. Sería quizá menos incorrecto referirse al vacío simplemente como «vacío».

## La importancia del vacío interior

La mente del yo cree que somos la vacuidad, el sentimiento de vacío, el sentimiento de insignificancia, el sentimiento de no ser nada, el sentimiento de abandono, de soledad, de falta de importancia. Y siendo esos sentimientos los que aparentemente nos acercan a lo incomprensible, a la verdad, a la humildad, al todo, al Uno..., luchamos contra ellos y queremos cambiarlos, huir de ellos, escapar, buscar algo más importante.

No parece que entendamos el significado de no ser nada, de ser insignificantes, de no ser importantes. Y la mente del yo cree que esa es la manera de trascender el yo: el reconocimiento de nuestra insignificancia, de nuestro vacío, de nuestra pobreza, de nuestra soledad como partes esenciales de nuestra realidad, como puertas hacia la eternidad, como espejos de la verdad. Que ni tan siquiera son «nuestros».

En ese proceso de trascender parece ser que ayuda bastante intentar abrazar la pobreza, el vacío, con amor, porque eso es lo que supuestamente somos.

La mente del yo cree que somos vacío, pobreza, insignificancia, y que comprender eso nos permite trascender, unirnos a todo, fusionarnos con el Uno, ver la verdad, unirnos a lo incomprensible. Cuanto menos tengamos, cuanto menos seamos, más fácil nos resultará encajar en el vacío eterno.

La mente del yo cree que en ese proceso de trascender ayuda saltar, si uno puede, al vacío interior, que ayuda intentar no huir del vacío, que solo desde el vacío se puede experimentar la vida como es. Cree que el vacío es la falta de creencias, la muerte del yo, que el vacío interior es un don, que podemos intentar que el vacío abarque toda la existencia. Cree que podemos no luchar contra el vacío interior y podemos alegrarnos por él.

La mente del yo cree que podemos permitirnos vivir desde el vacío interior, intentar darle vida sin entender qué significa eso exactamente; saboreándolo. Que podemos permitir que el vacío interior ilumine el mundo.

Nadie puede darnos nada, porque nada tiene y nada es. No existe como yo. Solo puede mostrarnos el vacío y confiar en que nos ayude a vivir desde el suyo, que es el nuestro, el de todos, el de todo, el vacío eterno.

Respirar. Pedir ayuda. No estamos solos.

## Somos (el) vacío

La mente del yo sigue con sus realizaciones.
La vida es (el) vacío.
Cuando somos, somos (el) vacío. Cuanto somos, es (el) vacío.
No somos algo en el vacío, somos el vacío.
En (el) vacío no hay nada, no ocurre nada, ni bueno ni malo, ni se gana ni se pierde nada, no hay tiempo, no hay sufrimiento, ni dolor.
Vacío es calma, quietud, silencio, paz.
En (el) vacío no hay gravedad y, por tanto, no existe la posibilidad de caer.
Luego un salto al vacío no implica caer por él, sino flotar en él.
El universo conocido surgió de la nada, del vacío. Él es el origen de la vida.
En (el) vacío no hay contaminación.
(El) vacío contiene (la) verdad.
(El) vacío está vivo.
Podemos refugiarnos en el vacío, aunque ni tan siquiera haya un «quién» que tenga que refugiarse.
(El) vacío no duele.
Es la idea del vacío lo que duele.
Son los esfuerzos por no caer en (el) vacío, por no ver (el) vacío, los que duelen.
(El) vacío somos nosotros.

En (el) vacío, en (la) soledad es cuando más cerca estamos de nosotros mismos.

En (el) vacío, en (la) soledad es donde menos influencias e interferencias hay y donde mejor podemos ver (la) verdad.

En (el) vacío nos conocemos mejor.

La mente del yo ya no huye más del vacío.

Se lanza (sin lanzarse) al vacío para conocerse mejor.

Saltamos (sin saltar) al vacío sabiendo que al hacerlo saltamos (sin saltar) al interior.

(El) vacío es la sensación de hogar porque protege.

(El) vacío es la sensación de familia porque cuida.

(El) vacío acoge porque es generosidad.

(El) vacío nos quiere como somos porque no juzga.

(El) vacío nos ama porque es amor incondicional.

(El) vacío nos comprende porque es conciencia de la totalidad.

En (el) vacío encontramos paz porque es paz.

No se puede comprender el vacío, solo se puede saborear.

Los altibajos del camino.


## Tirando del hilo I. El vacío no es la ausencia de amor de un padre

La mente del yo odia el vacío interior, la sensación de abandono, la soledad profunda, la falta de amor, la falta de aceptación, el desprecio, el castigo, el insulto, el menosprecio. Esa mente a la que esta mente del yo llama «padre» le ha hecho sentir todo eso hacia ella. También otras mentes y otras situaciones.

La mente del yo odia a esa otra a la que llama «padre» por haberle hecho sentir todo eso. También otras mentes y otras situaciones. Y cree que el padre mental, y esas otras mentes, debería haberle hecho sentirse bien, amada, querida, respetada, cuidada, aceptada, protegida, comprendida, y no lo contrario. Odia al padre mental, y a esas otras mentes, porque no le ha hecho sentir como ella esperaba. Así, el ego se siente maltratado, infravalorado, atacado, menospreciado, insultado, humillado, herido, vapuleado, pisoteado por el comportamiento del padre mental, y a esas otras mentes.

El ego odia al padre mental, y a esas otras mentes, que le hace comportarse como se comporta consigo misma y con las demás mentes.

La mente del yo intenta trascender el ego, desprenderse de su influencia, porque considera que es negativo para las relaciones con el mundo. Reconoce que el ego perjudica las relaciones, que el ego de las otras mentes también las perjudica. Aun así, la mente del yo odia al padre mental, y a esas otras mentes, porque el ego siente que el ego de esa otra mente la maltrata.

El odio de la mente del yo está relacionado exclusivamente con el ego. Es el ego el que no le perdona ni quiere profundizar en la relación con la mente a la que llama «padre». El ego no quiere saber nada del padre mental ni de esas otras mentes. Huye del padre mental. Sin embargo, el ego no acepta que odia al padre mental y a esas otras mentes, y negar esto le somete. Negar que lo odia le hace sentir aún más agitada.

No quiere enfrentarse al pensamiento de que odia al padre mental y a esas otras mentes. Elude pensar que lo odia, porque reconocerlo le hace sentirse mal, le pone triste. No quiere odiar al padre mental ni a esas otras mentes.

El ego no comprende al padre mental ni a esas otras mentes. Lo odia y, por tanto, no lo comprende ni se comprende. No entiende la relación que tiene con él.

Utiliza trucos para no afrontar este problema: no hablar con la mente que llama «padre» ni con esas otras mentes, no pensar en ella, no tener relación con ella, pretender que no la odia, pretender que está bien a pesar de que la odia, pensar que es culpa suya, pensar que es un problema del ego, pensar que la mente tiene toda la razón, pensar que solo se acuerda de esa mente muy de vez en cuando, pensar que ya no puede afectarle, pensar que ha conseguido escaparse, pensar que ya no puede volver a atraparle, pensar que nunca más va a volver a esa casa, pensar que nunca más va a volver a verla, pensar que nunca más va a volver a hablar con ella.

La mente se pierde en el bucle del pensamiento y al hacerlo impide que el amor la penetre.

La mente del yo se da cuenta de que tiene pánico de volver al padre mental y a esas otras mentes.

La mente del yo se da cuenta de que huye del padre mental y de esas...

La mente del yo se da cuenta de que no quiere estar huyendo.

La mente del yo se da cuenta de que no sabe qué hacer para no querer huir.

La mente del yo se da cuenta de que evita pensar en el padre mental y en...

La mente del yo se da cuenta de que evitar pensar en el padre mental y en... le causa más agitación.

La mente del yo se da cuenta de que, si piensa en el padre mental y en..., el dolor aumenta inicialmente, pero luego va disminuyendo de forma gradual.

La mente del yo siente que el padre mental y esas... la ha lanzado al vacío y le odia por eso.

También piensa que el padre mental y esas... siente lo mismo.

La mente del yo se da cuenta de que no le importa sentir el vacío del abandono.

La mente del yo se da cuenta de que empieza a encontrar confort en el vacío.

En este instante el vacío no le hace sentir tan mal como antes.

A medida que va sintiéndose mejor con el vacío, el odio hacia el padre mental y esas...va disminuyendo.

Como está más tranquila con la idea de caer en el vacío, pierde importancia quién le ha lanzado allí.

La mente del yo se da cuenta de que, en este instante, sigue imaginando cómo el padre mental y esas... le va a volver a lanzar al vacío en cuanto la vea.

La idea de que la vuelva a lanzarle al vacío le incomoda, menos que antes, pero le incomoda.

Odia la idea de que una mente pueda lanzar al vacío a otra mente.

La mente del yo se da cuenta de que no quiere ser lanzada al vacío, al abandono, al rechazo. Se da cuenta de que huye del padre mental y de esas... porque en su día este la lanzó al vacío y porque cree que volverá a hacerlo en cuanto la vuelva a ver. Se da cuenta de que no quiere volver a verla porque tiene miedo de que vuelva a lanzarla al vacío.

La mente del yo se da cuenta de que tiene un problema con el vacío, de que tiene miedo del vacío, de que no quiere sentir el vacío.

La mente del yo se da cuenta de que relaciona el vacío con el padre mental y con esas... Se da cuenta de que cuando piensa en ellos no ve a esas mentes, sino que ve su idea de vacío. No ve al padre mental ni esas..., ve el vacío. La mente del yo a la que llama «padre» es el vacío.

La mente cree que va comprendiendo el vacío. El vacío es la mente. El vacío es el padre mental y esas... La mente del yo es el padre mental y esas...

les odia y luego se odia a sí misma. Les tiene miedo, luego tiene miedo de sí misma.

El vacío es el padre mental y esas...
El vacío es la mente del yo.
La mente del yo tiene miedo del vacío.
La mente del yo odia el vacío.
El vacío es el odio.
La mente del yo es el vacío.
La mente del yo odia.
El odio es la mente del yo.
La mente del yo es odio.
La mente del yo es miedo.
La mente del yo es vacío.
La mente del yo no comprende el odio.
La mente del yo no comprende el miedo.
La mente del yo no comprende el vacío.
La mente del yo es el odio, el miedo y el vacío.

El padre mental y esas... es un espejo que le devuelve en su reflejo el odio, el miedo, el vacío. No ve al padre mental ni a esas..., ve el odio, el miedo y el vacío. Se odia por el odio, el miedo y el vacío.

La mente del yo se odia.
El odio es el vacío.
La mente del yo es vacío.
Es odio, es miedo.
La mente del yo acepta que es odio.
Lo que aceptas, te transforma.

Lo que niegas, te somete.

La mente del yo es odio.

Se siente triste por ser odio.

Cree que lo incomprensible le va a castigar por ser odio.

Se castiga por ser odio.

Se odia y se castiga.

La mente del yo es castigadora y es castigada.

Es castigo.

La mente del yo es culpable, es la que echa la culpa.

Es a quien ella echa la culpa.

Es la culpa, es odio.

La mente del yo es castigo.

La mente del yo es la culpa.

Se siente atrapada en el odio, el castigo y la culpa.

Quiere huir de ahí.

La mente no quiere sentirse así.

No quiere ser eso.

Sin embargo, es odio, castigo y culpa.

Ese es el vacío.

Ya no está bien en el vacío.

Es vacío y no quiere serlo.

Huye del vacío.

Es odio, castigo, culpa y vacío.

Observa. La mente se observa a sí misma, se identifica con sí misma. Y mientras la mente sea eso, no podrá ser ninguna otra cosa.

La mente intenta permanecer en el odio, la culpa, el castigo y el vacío. Observa cómo se va de ahí, cómo huye hacia lugares más amables. Sin embargo, en este instante sigue siendo odio, culpa, castigo y vacío. Y aunque huya, lo va a seguir siendo. «Intenta permanecer ahí», se dice.

La mente del yo se cansa y se va, no quiere volver ahí. No quiere sentir el odio, la culpa, el castigo, ni el vacío. Intenta permanecer ahí. Cree que viendo el odio, la culpa, el castigo y el vacío, los llegará a comprender. Observa cómo se odia, se culpa y se castiga.

Uno se da cuenta de que no es la mente. Por un instante, la mente es consciente de que puede dejar de odiarse, de culparse y de castigarse. Y se da cuenta de que elige odiarse, culparse y castigarse. Quiere permanecer ahí para ver qué aprende. Quiere permanecer ahí con la idea de salir de ahí y no volver nunca.

Querer salir de ahí le genera ansiedad. Intenta observarse sin desear escapar. No es fácil. La mente no quiere permanecer ahí, quiere distraerse con algo, huir. Pero se queda ahí, en el odio, la culpa y el castigo.

Nota que se siente realmente mal estando así, pero que aun así puede seguir haciendo otras cosas.

Nota cómo estar así impregna todo lo que hace y todo lo que piensa, que eso la aleja de los demás, la aleja del mundo, la aparta, la paraliza, la vuelve más rígida, menos motivada, más cansada y, sobre todo, la aísla más.

El odio, la culpa y el castigo la aíslan del mundo y fortalecen el ego.

El odio, la culpa y el castigo se cristalizan en la mente y la vuelven impermeable al mundo. Impiden que vea la bondad, la luz, el amor, la compasión, la vida.

El odio, la culpa y el castigo son oscuridad.

Vacío, odio, culpa, castigo. El camino es el que es.

Respirar. Pedir ayuda. No estamos solos.

## Tirando del hilo II. Luz y oscuridad

La mente del yo toca otros temas.

Somos oscuridad.

Somos luz.

La oscuridad y la luz se alternan.

Nos da miedo la oscuridad, huimos de ella.

Escuchamos a los pájaros cantar y volvemos a ver la luz, que nos aleja de la oscuridad.

Vemos la luz y volvemos a sentirnos conectados con el mundo, volvemos a sentirnos bien. Desde la luz, la oscuridad no parece tan terrible ni da tanto miedo.

A veces somos luz y a veces somos oscuridad. No podemos ser oscuridad todo el tiempo, aunque nos empeñemos; ni podemos ser luz todo el tiempo, aunque nos empeñemos.

Ser luz u oscuridad no es algo que controlemos nosotros, no lo controla el yo. Podemos intentar aceptar que a veces somos luz y a veces somos oscuridad.

La mente del yo se da cuenta de que uno no es un santo, un ser de luz. Se da cuenta de que a veces uno es un ser de luz y a veces uno es un ser de oscuridad y en ocasiones uno es un demonio.

En uno confluyen la luz y la oscuridad.

La luz nos da paz y felicidad y la oscuridad nos muestra los conflictos.

Aspiramos a ser seres de luz pura, pero esa aspiración nos aleja de ser luz pura. Y desear no ser oscuridad genera más oscuridad.

La mente del yo acepta que somos luz y oscuridad.

Lo que aceptas, te transforma; lo que niegas, te somete.

La mente del yo acepta la oscuridad como parte de nosotros, acepta que también somos oscuridad.

La mente del yo se abre a explorar la oscuridad igual que se abre a explorar la luz.

Luz y oscuridad.

La mente del yo no se identifica solo con la luz ni solo con la oscuridad. No se identifica con nada en este instante.

Luz y oscuridad son nombres que limitan, encierran y atan. Trascendemos los términos luz y oscuridad. Trascendemos la mente del yo.

No somos la mente del yo.

En la identificación hay limitación y dolor. Identificarnos con nosotros mismos genera miedo de llegar a perdernos.

Nos da miedo el cambio, la transformación. Nos da miedo dejar de ser aquello con lo que nos identificamos. Nos parece importante conservar el yo.

Tenemos un conflicto entre conservar el yo y trascenderlo.

Nos da miedo trascender el yo y dejar todo esto atrás.

Nos da miedo lo desconocido, no sabemos cómo es. Preferimos lo conocido. Fantaseamos con la idea de algo desconocido y bueno, pero elegimos quedarnos con lo conocido. «Más vale lo malo conocido que lo bueno por conocer». Uno no se identifica con ese refrán. No se identifica con nada en concreto.

No somos la mente del yo.

Somos transformación.

En ocasiones, somos una cosa y en otras somos algo bien distinto o lo contrario.

Somos cambio y transformación. A veces nos da miedo el cambio y a veces no. A veces nos da miedo lo desconocido y a veces no.

Cambiamos a veces, otras veces, no. A veces, no nos identificamos con algo, no nos identificamos con nada. Otras veces, nos identificamos con algo.

A veces, nos identificamos con todo. En realidad, no somos ni luz ni oscuridad. Por encima o en las profundidades simplemente hay conciencia, sin juzgar.

El camino es el que es. Respirar. No entendiendo.


## Pena y tristeza

La mente del yo cree que la transformación y la muerte también nos dan pena. Pensamos en el final de la vida, en lo que ya no está, y sentimos pena y tristeza. En ocasiones, solo sentimos pena y tristeza.

Cuando uno siente pena y tristeza, le llegan recuerdos del padre mental diciendo casi a diario «qué pena...». La mente del yo recuerda esos episodios del padre mental sintiendo pena por la vida como es.

La mente del yo recuerda a la madre mental y al padre mental como dos mentes tristes, sin alegría por vivir, con pena en sus corazones. Esa tristeza condiciona enormemente la forma que la mente del yo tiene de sentir la vida. La mente del yo no se atreve a sentirse feliz por no traicionar la pena y la tristeza de aquellas otras mentes. Se siente culpable cuando se siente feliz, porque recuerda que aquellas otras mentes no lo son. No se permite ser feliz sabiendo esto, se castiga por sentirse feliz sabiendo esto, se odia por querer ser feliz sabiendo esto.

La tristeza y la pena de aquellas otras mentes han anidado en la mente del yo. La mente del yo es la pena y la tristeza de aquellas otras mentes, es aquellas otras mentes, es su tristeza y su pena.

La mente del yo se siente fuertemente vinculada a su pena y su tristeza, pero desea no sentirse obligada a sentir su pena, su tristeza y su vacío, con el que se identifica. La mente del yo es su vacío, da vida a su vacío, da forma a su vacío. Y le molesta sentirse así. No quiere ser su vacío. No quiere ser el vacío de nadie.

La mente del yo siente que ha sido y que es el vacío de aquellas otras mentes a las que llama padres, hermanos, amigos, parejas. Se da cuenta de que hace suyos sus vacíos, de que se siente responsable de sus vacíos, de que se culpa por sus vacíos, de que le vacían sus vacíos. La mente del yo es sus vacíos.

La mente del yo siente odio hacia sí misma y hacia aquellas otras mentes por sus vacíos y por su vacío. Se odia por no haber conseguido llenar sus vacíos ni el suyo. Se siente culpable por sus vacíos y por su vacío. Se castiga por sus vacíos y por su vacío. Se castiga por tanto vacío.

La mente del yo está encerrada en la culpa, en la tristeza, en el odio, en el castigo y en el vacío. Observa la cárcel en la que siente que está.

No somos la mente del yo.

La mente del yo siente el vacío de todas las mentes y se siente culpable por su vacío. El peso del vacío de todas las mentes le oprime. Se siente culpable del vacío de todos los seres humanos y de su propio vacío. La mente del yo se castiga y se odia por haber causado tanto vacío y por no ser capaz de llenar el vacío de nadie, ni de sí misma.

El intento de la mente del yo por aprender a llenar su vacío es el intento de aprender para poder llenar el vacío de los otros. La mente del yo se siente culpable por no haber conseguido llenar su vacío y por no saber cómo llenar el vacío de los demás. La sensación de fracaso, de impotencia, de desesperación, hace que se siente vacía y oprimida.

No somos la mente del yo.

(El) vacío no es de nadie, mucho menos de la mente del yo.

En realidad, no somos tampoco vacío, si acaso podríamos decir que hay conciencia, en este caso, de vacío.

Culpa, vacío, familia.

El camino es el que es.

Respirar. Pedir ayuda. No estamos solos.

## (El) vacío como obra de arte

La mente artista alucina con la más grande obra de lo incomprensible, con su mejor creación: (el) vacío. Le encantaría formar parte de esa obra magnífica y dejar de ser una mente artista para convertirse en arte y ser no-existencia, si eso estuviera a su alcance.

Porque si ser artista puede llegar a ser divertido, ser arte tiene que ser indescriptible. Lástima que las obras de arte no cuenten lo que sienten. La mente del yo imagina que son tan felices que sencillamente son felicidad y esa es su forma de comunicarse con el mundo.

## Realizaciones

Terminamos este capítulo sobre la plenitud y el vacío con una serie de realizaciones.

¿Qué nos sujeta cuando ya nada nos sujeta?

Lo incomprensible se hace presente cuando no tenemos nada más a qué aferrarnos, nada más que soltar.

A la mente no le da miedo el vacío, le da miedo la idea del vacío.

No hay absolutos y, sin embargo, la mente del yo los necesita para estructurarse alrededor de ellos. Los absolutos, la certeza, son la estructura de la mente del yo.

La mente del yo proyecta su idea de los absolutos en el mundo que la impacta.

El vacío que sentimos no es real, solo existe en la mente del yo.

Esta sensación de vacío no es una condena, podemos liberarnos de ella.

Para sentirnos completos tendríamos que sentirnos completamente. Si dejamos algo fuera, sentiremos un vacío. Podemos sentirnos completamente y darnos cuenta de que esa sensación de plenitud trasciende la idea que tenemos de nosotros mismos.

Somos completos, aunque no entendamos lo que eso significa. Podemos intentar sentirnos completos y disolvernos en la totalidad. Somos el amor infinito. Podemos intentar sentirnos completamente. Podemos intentar llenarnos de nosotros. Podemos intentar no temer. El amor es infinito, como nosotros. Conciencia.

Vaciamiento a través de la observación. Al observar detenidamente, la mente ve que realmente no hay más que vacío, conciencia de vacío.

La vanidad es una forma de escapar de la vacuidad. *Vanitas vanitatum omnia vanitas,* «vanidad de vanidades, todo es vanidad» (Eclesiastés 1:2). Huimos del vacío porque pensamos que estamos perdiendo cosas, que no estamos consiguiendo cosas, que no estamos siendo suficiente.

Sentirse maravilloso y sentirse bello depende de uno, no del ego.

(El) vacío interior constituye, por un lado, un lugar amenazante para la mente del yo, un pozo sin fondo donde uno cae y se pierde para siempre y, por otro lado, un refugio donde abunda todo lo necesario para el autoconocimiento, un pozo lleno de agua, de vida y de amor, de donde extraer para beber uno y dar de beber a los sedientos. Todo depende del lugar desde donde se mire: conciencia del yo, conciencia del no-yo.

Podemos probar a explorar aquello a lo que la mente del yo se refiere como el vacío.

Algunas mentes quieren impactar mientras que otras quieren ser impactadas.

La deliciosa sensación de haber llegado. ¿Llegado a dónde?

Conciencia.

Hasta aquí llega este tercer libro. Vemos cómo el camino transita una y otra vez por los mismos lugares, aparentemente repitiendo los mismos tramos, como, por ejemplo, la experiencia de vacío. Y observamos que incluso cuando el tramo parece ser el mismo, la experiencia del camino es diferente. No entendemos por qué el camino es como es, aunque la mente del yo, que odia la incertidumbre, enseguida se apresura a dar sus explicaciones.

Únicamente podemos observar que el recorrido nunca es el mismo, que el camino está en constante transformación. Todo parece ser transformación. Pero, aun así, en medio de tanto cambio, de tanta impermanencia, de tanta inseguridad, hay algo que siempre podemos hacer. Lo sabemos bien, es el mantra: respirar, pedir ayuda, no estamos solos. El camino es el que es, pero eso no cambia.

Uno se siente más unido a todos vosotros y se siente tentado en desearos aquellas cosas que uno cree que podéis necesitar en vuestro camino, como, por ejemplo, fuerza, valor, ánimo, fe. Pero seguramente uno se equivoca porque uno ni tan siquiera entiende su cambio como para encima tener la osadía de recomendar nada a nadie. El camino es el que es, da y quita, y ni tan siquiera sabemos por qué lo hace, aunque aquí está la mente del yo para contestar rápidamente a esa pregunta. Conciencia.

Nos despedimos de este tercer libro con algo que ha aparecido y que parece relevante en este momento del camino: no entendiendo. *Non intelligens.*